Doston Xamidov

MAKTAB TA'LIMI TIZIMIDA AXBOROT-RESURSLARDAN FOYDALANISH ORQALI IJTIMOIY MUOMALA MADANIYATINI SHAKLLANTIRISH TEXNOLOGIYASI

Monografiya

© Taemeer Publications LLC
MAKTAB TA'LIMI TIZIMIDA AXBOROT-RESURSLARDAN FOYDALANISH ORQALI IJTIMOIY MUOMALA MADANIYATINI SHAKLLANTIRISH TEXNOLOGIYASI
by: Doston Xamidov
Edition: February '2024
Publisher:
Taemeer Publications LLC (Michigan, USA / Hyderabad, India)

© **Taemeer Publications**

Book :
MAKTAB TA'LIMI TIZIMIDA AXBOROT-RESURSLARDAN FOYDALANISH ORQALI IJTIMOIY MUOMALA MADANIYATINI SHAKLLANTIRISH TEXNOLOGIYASI

Author	:	Doston Xamidov
Publisher	:	Taemeer Publications
Year	:	'2024
Pages	:	248
Title Design	:	*Taemeer Web Design*

Toshkent 2024

Mazkur "Maktab ta'limi tizimida axborot-resurslardan foydalanish orqali ijtimoiy muomala madaniyatini shakllantirish texnologiyasi" monografiyasi mazmunida maktab ta'lim tizimi, elektron texnologiya, axborot-resurslar, ilm-fandagi yangiliklar, xalqaro tajribalar, ijtimoiy madaniyat hamda muloqot jarayonlarining o'ziga xos xususiyatlari o'rganiladi. Monografiyadan maxsus maktabgacha va maktab ta'limi tizimida hamda oliy ta'lim muassasalarining o'quv jarayonlarida foydalanish mumkin.

Mas'ul muharrir: **Xamdam Ismoilov**
                                  filologiya fanlari nomzodi, dotsent

Taqrizchilar: **Abdusalom Umarov**
                                  sotsiologiya fanlari doktori, professor

MUNDARIJA

KIRISH..6

I. MAKTAB TA'LIM TIZIMIDA AXBOROT-RESURSLARDAN FOYDALANISH MUHITI YARATISHNING TA'LIM SAMARADORLIGIDAGI AHAMIYATI

1.1. Maktab ta'lim tizimida axborot-resurslardan foydalanish jarayonlarining tarkibiy qismlari..9

1.2. Maktab ta'lim tizimida axborot-resurslari va elektron ta'lim resurslari orqali ta'lim muhitining rivojlanishi..16

1.3. Maktab ta'limida axborot-resurslardan shaxslararo muloqotni tashkil etishda foydalanishning zamonaviy pedagogik-psixologik asoslari.......................28

II. MAKTAB TA'LIM TIZIMIDA AXBOROT OLISH MADANIYATINI SHAKLLANTIRISH MASALALARI

2.1. Axborot-resurslardan foydalanish orqali muloqot va ijtimoiy madaniyatni yuksaltirish tendensiyalari...48

2.2. Maktab ta'limida axborot-resurslardan foydalanish texnologiyasi......61

2.3. Ta'lim resurslarining o'zaro bog'liqligi va

mutanosibligi, natijaviy tamoyillar..69

III. MAKTAB TA'LIMI TIZIMIDA AXBOROT-RESURSLARDAN FOYDALANISH ORQALI IJTIMOIY MUOMALA ODOBINI SHAKLLANTIRISH METODOLOGIYASI

3.1. Axborot madaniyati va uning asosiy jihatlari................................105

3.2. Axborot-resurslardan foydalanish asoslarining ijtimoiy muloqot va muomala madaniyatiga ta'siri..145

3.3. Ijtimoiy muloqot va madaniyatda axborot-resurslardan to'g'ri foydalanishning zamonaviy ko'rinishlari..196

XULOSA..239

FOYDALANILGAN ADABIYOTLAR...241

KIRISH

Ta'lim berishda zamonaviy axborot-resurslar hamda texnologiyalaridan foydalanish, samarali yondashuvlarni ishlab chiqish, ta'lim berishning ilg'or uslublarini joriy etish orqali o'sib kelayotgan yosh avlodni jahon sivilizatsiyasi yutuqlari bilan yaqindan tanishtirish, salohiyatli mutaxassislarni tayyorlash tizimini tubdan takomillashtirish, hamda dunyo axborot resurslaridan keng ko'lamda foydalanishlarini ta'minlash bugungi kundagi dolzarb masalalardan biri hisoblanadi. Shu bilan birga, ta'limda axborot-resurslar va texnologiyalardan foydalanish, samarali dasturlarni ishlab chiqish orqali yoshlarning o'qish motivatsiyasini oshirishga, o'quv vaqtini tejashga, tezroq tushunish va o'zlashtirishga yordam beradi. Maktab o'quvchilarini IT sohasi bilan tanishtirish - zamonaviy maktabda axborotlashtirish muammosini hal qilish va kasbiy tayyorgarlikni takomillashtirishga qo'yilgan ilk qadamdir.

Bugungi kunda Prezidentimiz tomonidan ilgari surilgan ijtimoiy, ma'naviy-ma'rifiy sohalardagi 5 ta muhim tashabbus doirasida amalga oshirilayotgan ishlar e'tirofga loyiq. Loyiha doirasida respublika bo'yicha 146 ta raqamli texnologiyalar o'quv markazlarini foydalanishga topshirish orqali 292 dan ortiq yangi ish o'rinlarini yaratishga erishildi.Ushbu markazlarda axborot-resurs markazlari, kompyuter savodxonligi, dasturlash asoslari, robototexnika, veb va mobil ilovalar yaratish, axborot texnologiyalari sohasida innovatsion tadbirkorlik asoslari va boshqa yo'nalishlar bo'yicha 33 ming nafardan ortiq tinglovchilar malakasini oshirdi. Hududlar kesimida raqamli texnologiyalar o'quv markazlarida taxsil olganlar bo'yicha Jizzax viloyati, Namangan viloyati va Xorazm viloyati yetakchilik qilib kelmoqda.

Hozirgi kunda "Bir million dasturchi" loyiha doirasida 459 ming nafardan ortiq foydalanuvchilar ro'yxatdan o'tgan bo'lib, ulardan 244 ming nafardan ortiq ishtirokchi sertifikatini hamda 175 ming nafardan ortig'i bitiruvchi sertifikatlarini qo'lga kiritgan.Hududlar kesimida uzbekcoders.uz portalidan ro'yxatdan o'tganlar soni bo'yicha Navoiy viloyati (79 ming nafardan ortiq), Samarqand viloyati (50 ming nafardan ortiq) va Qoraqalpog'iston Respublikasi (43 ming nafardan) yetakchilik qilib kelmoqda.Viloyat markazlarida mavjud umumta'lim maktablari negizida 14 ta informatika va axborot texnologiyalarini chuqurlashtirib oʻqitishga ixtisoslashtirilgan tayanch maktablar tashkil etilgan va 800 dan ortiq oʻquvchilar tanlov asosida qabul qilindi.

Joriy yil 21-iyun kuni ixtisoslashtirilgan tayanch maktablari oʻrtasida IT-olimpiadasi tashkil etilib, 770 nafar oʻquvchilari sport dasturlash, Computer Science, IT-Beshkurash yoʻnalishlar boʻyicha qatnashib gʻoliblarini munosib taqdirlandi.Muhammad al-Xorazmiy nomidagi Toshkent axborot texnologiyalari universiteti va uning filiallarida 19 mingga yaqin talaba taxsil olmoqda. 2021-2022 oʻquv yilidan Muhammad al-Xorazmiy nomidagi Toshkent axborot texnologiyalari universitetining Nurafshon filiali tashkil etilib qoʻshimcha ravishda har yili 250 nafar oliy maʼlumotli kadrlar tayyorlash yoʻlga qoʻyiladi.

2021-2022 oʻquv yilidan Professional taʼlim yoʻnalishida kadrlar tayyorlaydigan 11 ta Texnikum tashkil etilib, jami texnikumlar soni 14 taga yetkaziladi. Tashkil etiladigan texnikumlarda oʻrtacha 350 nafarga yaqin (jami 4 000 nafar) oʻquvchi tahsil olishi nazarda tutilgan.Shu bilan birga, yoshlarni qoʻllab-quvvatlash maqsadida xalqaro IT sertifikatlarga ega yoshlarni oʻqishi hamda ularning xalqaro IT sertifikatlarni olishi uchun sarf qilgan xarajatlarining 50 foizigacha boʻlgan qismini moliyalashtirish tartibi toʻgʻrisidagi nizomi tasdiqlandi hamda xalqaro IT sertifikatga ega mutaxassislar to'g'risidagi ma'lumotlarni "O'zbekistonning IT-iste'dodlari" portaliga joylashtiriladi.

I. MAKTAB TA'LIM TIZIMIDA AXBOROT-RESURSLARDAN FOYDALANISH MUHITI YARATISHNING TA'LIM SAMARADORLIGIDAGI AHAMIYATI

1.1. Maktab ta'lim tizimida axborot-resurslardan foydalanish jarayonlarining tarkibiy qismlari

Mamlakatimizda zamon talablari asosida ta'lim jarayonini tashkil etish, jumladan, oliy ta'lim tizimida axborot kommunikatsiya texnologiyalarini joriy etish orqali yuqori malakali kadrlar tayyorlashga alohida e'tibor qaratilmoqda.

O'zbekiston Respublikasini yanada rivojlantirish bo'yicha Harakatlar strategiyasida "Uzluksiz ta'lim tizimini yanada takomillashtirish, sifatli ta'lim xizmatlari imkoniyatlarini oshirish, mehnat bozorining zamonaviy ehtiyojlariga muvofiq yuqori malakali kadrlar tayyorlash siyosatini davom ettirish" muhim ustuvor vazifa sifatida belgilangan. Bu borada kompyuter texnologiyalari asosida pedagoglarni loyihaviy-konstruktorlik va ilmiy-tadqiqotchilik kasbiy faoliyatiga tayyorlash metodikasini metodologik yondashuvlar asosida takomillashtirish, pedagogga xos sifatlarni va kasbiy faoliyatga tayyorgarlik darajalarini baholash metodikasini ishlab chiqish kasbiy kompetensiyalarini rivojlantirishga xizmat qiladi. Ta'lim jarayonida axborot-resurslar va texnologiyalaridan foydalanish bo'yicha A.A.Abduqodirov, U.SH.Begimqulov, F.M.Zakirova, J.A.Hamidov, O.X.Turakulov kabi olimlar ilmiy tadqiqotlar olib borganlar.[1] Bugungi iqtisodiyot - bu bilimlar, investitsiya loyihalari va yuqori texnologiyalarning innovatsion iqtisodiyoti hisoblanadi. Ta'lim mazmuni, ta'lim texnologiyalari, ta'lim tizimining barcha infratuzilmasi va yangi iqtisodiyotning ehtiyojlari o'rtasidagi kengayib borayotgan bo'shliqni bartaraf etish zarur. Bunda hal qiluvchi rol o'quv va ta'lim tizimini axborotlashtirish bilan hal etiladi. Zamonaviy sharoitda ta'lim olish inson faoliyatining muhim yo'nalishlaridan biri bo'lib, ta'lim tizimining odamlar va jamiyatning yuqori sifatli ta'lim xizmatlariga bo'lgan ehtiyojlarini qondirish qobiliyati ko'p jihatdan mamlakatning iqtisodiy va madaniy rivojlanish istiqbollari va samaradorligini belgilaydi.

Agar o'quv muassasasi tegishli moddiy-texnik bazaga va pedagogik potentsialga ega bo'lsa, innovatsion texnologiyalarni yaratish mumkin. Bugungi kunda maktab

---

[1] Abdulwahab Olanrewaju ISSA, Fundamentals of library and information science. / Abdulwahab O. ISSA.— Ilorin Publisher, 2009. —p. 124.

tizimida innovatsion texnologiyalarni joriy etish, ularni tadbiq qilish zamon talab etmoqda. Maktab tizimida boshqaruv faoliyatini avtomatlashtirish va o'quv jarayonini axborotlashtirish orqali yagona axborot-ta'lim muhiti yaratish orqali ta'lim sifatini oshirish mumkin.

Axborotlashgan jamiyatda maktabning o'tish bosqichida ta'limining mazmuni, usullari, tashkiliy shakllarini o'zgartirish jarayoni hisoblanadi. Ta'limni axborotlashtirish nafaqat maktabga kompyuterlarni o'rnatish yoki Internetga ulanish bilan bog'liq, balki maktabni axborotlashtirish bir tomondan, maktabning barcha sohalarida katta hajmdagi ma'lumotlarni kompyuter texnologiyalari yordamida shakllantirish, foydalanish va qayta ishlashning zarurati bilan baholanadi.

Axborot ta'lim muhiti axborot texnologiyalari sohasidagi zamonaviy yutuqlarni maktabda o'quv jarayonini boshqarishning an'anaviy usullariga asoslangan holda qo'llash imkonini beradi. Tizim elektron arxivda moslashuvchan qidirish imkoniyatiga ega bo'lgan xodimlar va o'quvchilarning shaxsiy fayllarini yuritishga, o'qituvchilar va sinflar uchun elektron jadvallarni yuritishga, elektron sinf jurnalini va elektron kundalikni Internet orqali o'quvchilar va ota-onalarga Internet orqali baholar, jadvallar va uy vazifalari haqida tezkor ma'lumot olish imkoniyatini yaratishga imkon beradi.

Shunday qilib, boshqaruv faoliyatini avtomatlashtirish va o'quv jarayonini axborotlashtirish orqali maktabda yagona axborot-ta'lim muhiti yaratish, maktab bitiruvchilarining ijtimoiylashuvi uchun sharoit yaratish, shu jumladan mehnat bozorining real ehtiyojlarini hisobga olgan holda erishish mumkin.

Axborot -ta'lim muhitini yaratishdagi vazifalar:

✓ ta'lim jarayonidagi ishtirokchilarning axborot-kommunikatsiya kompetentsiyasini oshirish mexanizmini ishlab chiqish;

✓ axborot texnologiyalariga asoslangan ta'limning yangi davridagi o'quv jarayoniga interfaol ta'limni joriy etish va bosqichma-bosqich o'tish;

✓ maktab web-saytida yangiliklarni doimiy aks ettirish;

✓ ta'lim jarayonining ishtirokchilari to'g'risidagi ma'lumotlarni o'z ichiga olgan yagona ma'lumotlar bazasini yaratish;

✓ o'qituvchilar va o'quvchilar uchun masofaviy o'qitish imkoniyati;

✓ o'quvchilarning individual ishlarini, kollektiv va guruh ishlarini tashkil etish imkoniyatlarini berish;

✓ o'qituvchilarning ijodiy ishlarini rivojlantirish va maktab o'quvchilarining o'quv faoliyatini faollashtirish, ularni faol o'qitish usullari va doimiy yangilanadigan o'quv vositalaridan foydalanish orqali amalga oshiriladi.

O'qitishda axborot texnologiyalaridan foydalanish quyidagilar hisoblanadi:

> o'quvchilar dunyo haqida bilish usullaridan biri sifatida;

> mavzu bo'yicha qo'shimcha ma'lumot manbai sifatida;

> o'qituvchi va o'quvchilarning mehnatini mustaqil tashkil etish va o'z-o'zini tarbiyalash usuli sifatida;

> o'qituvchi uchun tabaqalashtirilgan yondashuv uchun imkoniyat sifatida;

> o'quvchilarni individual ravishda o'rganish doirasini kengaytirishning bir usuli sifatida.

O'qitish jarayonida axborot resurslari va Internet xizmatlaridan foydalaniladi:

> axborot manbalari (kataloglar, ommaviy axborot vositalari, kutubxonalar, entsiklopediyalar ...);

> ta'lim resurslari (elektron o'quv adabiyotlari, o'z-o'zini o'qitish kurslari, dasturiy ta'minot ...);

> aloqa xizmatlari (elektron pochta, chat xonalari, yangiliklar guruhlari, forumlar);

> qidiruv xizmatlari;

> multimedia vositalari.

Maktab maydonini axborotlashtirish quyidagi muammolarni hal qilishga yordam berishi kerak:

✓ ta'lim xizmatlaridan foydalanishdagi tafovutlarning kuchayishi;

✓ mintaqaviy ta'lim imkoniyatlarining tengsizligi;

✓ o'quvchilaming o'z bilimlaridan real hayotda foydalanishga etarli darajada tayyor emasligi;

✓ o'qituvchilarning o'z ishlarida AKT vositalaridan foydalanishni istamasligi;

✓ moddiy-texnik bazaning ta'limning zamonaviy ehtiyojlariga mos kelmasligi;

✓ maktab tashqi aloqalarining yanada dinamik rivojlanishi.

Maktabda axborot ta'lim muhitini shakllantirish ta'lim sifatini oshirish bilan birga quyidagi imkoniyatlarni yaratadi:

1. Yagona axborot makonini yaratish - o'quvchilarni o'qitish va tarbiyalashning sifat jihatidan yangi darajasiga o'tish uchun zarur shart-sharoitlarni yaratish maqsadida axborotlashtirish orqali maktab ishining turli sohalarini birlashtirishga e'tibor qaratish;

2. Maktablarni axborotlashtirish jarayonini boshqarish tizimini yaratish -o'quvchilarni o'qitish va tarbiyalashni tashkil etishda sifat jihatidan yangi bosqichga o'tish;

3. Amalga oshirishimiz o'quv jarayonini uslubiy ta'minlashni yangi bosqichiga o'tishga imkon beradigan yondashuvlar tavsifi;

4. O'qituvchilarning malakasi va kasbiy tayyorgarligini oshirish, maktab o'qituvchilarining axborot madaniyatini oshirishga qaratilgan bo'lib, bu o'quvchilarni o'qishni tashkil etishning sifat jihatidan yangi bosqichiga o'tish va o'quv jarayonini metodik ta'minlashga yordam beradi;

5. O'quvchilar bilan ishlashni tashkil etishda axborot texnologiyalaridan foydalanish - global axborot makonida bemalol yura oladigan, yuqori axborot madaniyati va yuqori darajadagi ishchanlikka ega bo'lgan o'quvchi shaxsini

shakllantirish uchun sharoit yaratadi. [2]

Bugunri rivojlangan yangi O'zbekistonni qurayotgan vaqtimizda maktablarda avtomatlashtirilgan tizimlarni yaratish zamonaviy o'quv jarayonlar uchun asos bo'ladi. O'quv jarayonini tashkil etishda yangi axborot texnologiyalarini joriy etish maktab ma'muriyatining o'quvchilar faoliyatini, pedagogik kadrlar ishini hisobga olish ishini takomillashtirishga imkon beradi. Axborot ta'lim muhitini shakllantiriligan maktablarda ma'lumotlarni saqlash va qayta ishlash, kiritilgan mezonlarga muvofiq tezda qidirish va tanlash va har xil turdagi hisobotlarni yaratishga imkon beradi. Bunday holda, ma'lumotlar bazasi ilovasi ma'lumotlarni mahalliy tarmoq orqali uzatish imkoniyatiga ega bo'lishi kerak. Shuning uchun dastur o'quvchilar, ota-onalar va maktab o'qituvchilari to'g'risida aniq va tezkor ma'lumot olishda katta yordam beradi.

1.2. Maktab ta'lim tizimida axborot-resurslari va elektron ta'lim resurslari orqali ta'lim muhitining rivojlanishi

---

[2] Axundjanov E.A. Kutubxonashunoslik, arxivshunoslik ishining nazariyasi va tarixi: 0'quv qo'llanma. — T.: Ma'naviyat, 2010. - 556 b.

Axborot jamiyatiga o'tish zaruriyati jahon iqtisodiyotida yangi texnologik tartib shakllanishi va ustuvorligi, axborot resurslarini ijtimoiy-iqtisodiy rivojlanishning haqiqiy resurslariga o'tishi, jamiyatni axborot mahsulotlari va xizmatlariga bo'lgan talabini qondirish, ijtimoiy ishlab chiqish tizimida axborot kommunikatsion infrastruktura ahamiyatini oshishi, xalqaro axborot almashinuvlar asosida maorif, ilmiy-texnik va madaniy sohalarning takomillashuvi, «global axborot afzalliklarini» teng huquq asosida ishlatish bilan shartlanadi.

Oxirgi yillarda elektron ta'limning an'anaviy ta'limga qaraganda afzallik jihatlari ko'proq aniqlanmoqda. So'nggi vaqtlarda ta'lim oluvchilar va o'qituvchilar an'anaviy ta'limning ba'zi turlariga qaraganda onlayn ta'limning afzalliklari ko'proq degan xulosaga kelmoqdalar. Sababi, ta'lim tizimida ta'lim sifatini oshirishga qaratilgan raqamli o'qitish platformalari ko'paymoqda, bunda an'anaviy va onlayn ta'limning eng yaxshi tomonlari birlashtirilib aralash ta'lim tizimi shakllantirilmoqda. Aralash ta'lim narxining pastligi, moslashuvchanligi, bepulligi, bundan tashqari ta'lim jarayonida murakkab texnologiyalarni qo'llash afzalligi ushbu alternativa uchun sabab bo'ladi. Bu tendensiyaga bo'lgan qiziqish ta'lim jarayonida talabalarga ta'sir etadi va ta'lim sifatini oshiradi.

Ko'pgina tadqiqotlar onlayn ta'lim talabalarda kreativ fikrlashni rivojlantirishga sabab bo'lishini ko'rsatgan, ya'ni talabalarning mustaqil ta'lim olishiga, individual ehtiyojlarini inobatga olgan holda o'quv jarayoniga moslashtirish qobiliyatini shakllantirishga asos bo'ladi. Elektron ta'limda rivojlanishini talabalarning raqamli dunyoda o'zini erkin tutishi, ya'ni kerakli ma'lumotlarni yuklab olishi, tahlil qilishi, onlayn kontentlardan erkin foydalana olish qobiliyatida ko'rishimiz mumkin. Vaqt o'tgan sayin ushbu tendensiyaga texnologiyalarni qo'llash asosida an'anaviy ta'limning hohlagan turi, metodi, ta'lim berish usulini kiritishimiz mumkin.

2016 yil Campus Technology o'qituvchilar o'rtasida "Texnologiyalarni qo'llab dars o'tish" mavzusida so'rovnoma o'tkazilib, bunda 71% o'qituvchilar an'anaviy ta'lim bilan birga onlayn manbalardan foydalanishini aytganlar. Elektron ta'lim (adaptiv ta'lim, onlayn ta'lim modullarini qo'llash) afzalliklarini an'anaviy ta'lim ijtimoiy texnologilari va media resurslarini birgalikda qo'llanilishida ko'rishimiz mumkin. Maqsad esa talabalarning demografik guruh va ijtimoiylashuvidan kelib chiqqan holda ularning ehtiyojlarini hisobga olib ta'lim modelini ishlab chiqish.

Tendensiyani yanada rivojlantirish uchun OTMda talabalar ta'limi uchun shart-sharoitlar yaratilishi kerak.[3] Masalan, Reyerson universitetining arxitektor-talabalari virtual reallik garniturasini o'zlarining hajmi katta loyiha eskizlari uchun qo'llamoqdalar. Ko'pgina o'qituvchilar o'quv jarayonini internet bilan bog'lasalarda, kuzatuvchilarning fikricha aralash ta'limda internetning ham roli bor, bunda talaba individual yondashuvga ega bo'ladi. Elektron ta'lim muammosi yechimi "NMC Horizon Hisoboti- OTM" nashriyotining oxirgi 5 yillik tendensiyalari ro'yxatiga kiritilgan. Londondagi Imper tibbiyot kolleji talabalari an'anaviy va onlayn ta'limni birgalikdagi qo'llanilishiga asoslangan ikkita tajribada ishtirok etdilar. Talabalar video ma'ruzani ko'rib, vazifalarni bajarish imkoniyatini mavjudligini yuqori baholadilar. Talabalar ushbu model tushunarli animatsiyalar bilan yaxshi tizimlashtirilgani va o'z-o'zini baholashda interaraktiv savollarga egaligini aytib o'tishddi. Amerika OTMlari ham qabul qilingan yechim auditoriyada va auditoriyadan tashqarida amalga oshirsa bo'ladi degan fikrdalar. Yurist-talabalarga esa aralash ta'lim ma'ruza va materiallarni internetda ko'rish imkonini beradi,

---

[3] Бахтурина Т. Структура и объект библиографической записи // Библиотековедение. 2014. №3. — с. 49—50

bundan tashqari murakkab savollarga javob topish uchun ham vaqt yetadi deb aytmoqdalar. Hozirgi globallashuv davrida internet tarmog'i orqali real vaqt tizimida o'qitish tezlik bilan rivojlanib borayotgan ta'lim olish turlaridan biri hisoblanmoqda. Elektron ta'lim tizimi ixtiyoriy masofadan hech bir to'siqlarsiz ta'lim berish va ta'lim olish imkoniyatini yaratadi. Mutaxassislarning ta'kidlashicha, an'anaviy ta'lim tizimiga nisbatan real vaqt tizimidagi masofaviy ta'lim tizimida o'qitish samaradorligi yuqoriroqdir (Means, Toyama, Merfi, Bakiya va Jons, 2013). Real vaqt tizimidagi masofaviy o'qitish tizimida video ma'ruzalardan foydalanish eng samarali o'qitish usulidir. Misol keltiradigan bo'lsak, Vang (2008) Tayvand davlatida 10 yil meditsina sohasida o'qib, onlaynda o'qitilayotgan tibbiyot bo'yicha video ma'ruzalar yordamida aholi orasida tibbiy xizmatni yaxshilanganligini aytadi.[4] Yana bir misol, Janubiy Koreyaning poytaxti Seul shahrida joylashgan Chung- Ang universitetida har bir fan bo'yicha onlayn elektron sinfi (e-class) mavjud. Fanga qatnashishga ro'yxadan o'tgan talaba "e-class" ga ham kirish huquqiga ega bo'ladi. Ushbu "e-class" da nafaqat Microsoft Power Point dasturida qilingan

---

[4] Борисов Б. Технология каталогов: Учеб. пособ. — М.: Книга, 2012. — 224 с.

prezentatsiyalar balki, video ma'ruzalar, uy vazifasi topshiriqlari ham mavjud. Mashg'ulotga ma'lum sabab bilan qatnasha olmagan yoki darsni yaxshi o'zlashtira olmagan talaba "e-class" ga kirib video ma'ruzalardan foydalanishi mumkin. Bu albatta ta'lim olish samaradorligini yanada oshiradi va yetuk kadrlar tayyorlashga zamin bo'ladi degan fikrdaman.

Hozirgi kunda ta'lim jarayoniga axborot-kommunikasiya texnologiyalari (AKT) shiddat bilan kirib kelishi bilan birga, u ta'limning samaradorligini oshirishda eng qulay omillardan biri bo'lib qolmoqda. Shuning uchun ham ilg'or mamlakatlar ta'lim tizimida kompyuter texnikasidan, zamonaviy axborotkommunikasiya texnologiyalaridan unumli foydalanishga qaratilgan izlanishlar to'xtovsiz kechmoqda.

Umuman olganda, hozirgi kunda jamiyatni standart sanoatlashgan iqtisodiyotdan yangi iqtisodiyotga o'tishi kuzatilmoqda. Yangi iqtisodiyot mijozlari -foydalanuvchilar iqtisodiyoti hisoblanadi, shuning uchun jahon axborot va telekommunikatsiya sanoatini rivojlanishini asosiy omili keng ko'lamda yangi avlod xizmatlarini taqdim etish bo'lib kelmoqda.

Ta'limda fan va ishlab chiqarish bilan

integrasiyasining asosli mexanizmlarini ishlab chiqish, uni amaliyotga joriy etish, o'qishni, mustaqil masofaviy ta'lim tizimi bilim olishni individuallashtirish, texnologiyasini ishlab chiqish va o'zlashtirish, yangi pedagogik hamda axborot texnologiyalari asosida ETdan foydalangan holda talabalar o'qishini jadallashtirish ana shunday dolzarb vazifalar sirasiga kiradi. O'quv jarayonini ET asosida tashkil etish, shu jumladan, o'quv materiallarini bayon etishni takomillashtirish tamoyillariga ma'lum o'zgartirishlar kiritish kerak bo'ladi. Bunda ta'lim jarayoniga zamonaviy axborot texnologiyalarini joriy etish va ulardan foydalanish maqsadga erishishdagi eng samarali yo'ldir. Ta'lim tizimiga elektron axborot ta'lim texnologiyalarini tatbiq etish, ta'lim muassasalarining moddiy texnik bazasini tanqidiy baholash va takomillashtirishdagi asosiy vazifalar quyidagilardan iborat:

• ETni o'quv jarayoniga tatbiq etish uchun lozim moddiy texnika bazasini yaratish;

• o'quv jarayoni uchun ET mo'ljallangan ta'lim texnologiyalarini yaratish va qo'llash;

• talabalarni zamonaviy ET texnologiyalari sohasida bilim va ko'nikmalarini shakllantirish;

• ETni joriy etish orqali ta'lim tarbiya va o'qitish jarayonining samaradorligini oshirish. [5]

Elektron axborot resurslari ta'limga oid axborotlarni yig'ish, saqlash, uzatish, qayta ishlash usul va vositalari majmuidan iborat bo'lib, u ta'limga oid turli axborotlarning yaratilishini belgilovchi ichki va tashqi omillarga bog'liq:

- ichki omillar — bu axborotlarning yaratilishi, turlari, xossalari, axborotlar bilan turli amallarni bajarish, ularni jamlash, uzatish, saqlash va h.k.

- tashqi omillar — bu ETning texnika uskunaviy vositalari orqali axborotlar bilan turli vazifalarni amalga oshirishni bildiradi.

ETdan foydalanish esa, ular bilan muloqotda foydalanuvchilarning ko'nikma va malakalariga bog'liq. Shuning uchun, dastlab zamonaviy telekommunikasiya vositalarining o'zi nimaligini bilib olish muhim sanaladi.

Zamonaviy telekommunikasiya vositalari imkoniyatlari juda keng tizim bo'lib, unga ma'lum bo'lgan kompyuter, multimedia vositalari, kompyuter tarmoqlari,

---

[5] Ganiyeva B. Hujjatlarga analitik-sintetik ishlov berish: Sistemali katalog. O'quv qo'llanma. — T.: TDMI, 2010. — 46 b.

internet kabi tushunchalardan tashqari, qator yangi tushunchalar ham kiradi. Bularga axborot tizimlari, axborot tizimlarini boshqarish, axborotlarni uzatish tizimlari, ma'lumotlar ombori, ma'lumotlar omborini boshqarish tizimi, bilimlar ombori kabilar misol bo'lishi mumkin. "XXI asr axborotlashtirish asri" da ta'lim sohasiga elektron ta'limni joriy etish, har bir ta'lim muassasasida: o'qitish va o'qish jarayonining; ta'lim muassasasi boshqarilishining; ta'lim muassasasi faoliyati muhitining axborotlashtirilishini talab qiladi. Ta'lim muassasida ET muhitini tashkil etish bosqichlari psixologik axborot muhitini yaratishdan boshlanadi. Texnologik va ilmiy natijalar, yaratilgan dasturiy mahsulotlar asosida zamonaviy vositalar va metodlardan foydalanishga ehtiyoj shakllantiriladi. Bunda har bir ta'lim muassasida individual va maslahat mashg'ulotlar asosida pedagoglarni mustaqil va kompyuter ta'limi tizimini tashkil etish kerak. Ta'lim sohasida axborot resurslarini tashkil etish va ta'limda foydalanishga mamlakatimizda alohida e'tibor qaratilmoqda. Ta'lim tizimiga ETni joriy etish, birinchi navbatda, jamiyatning intellektual salohiyatiga, jumladan, ta'lim sohasining axborotlashuviga, axborot ta'lim resurslarini ishlab chiqishiga bog'liq. Ta'limning fan va ishlab chiqarish bilan integrasiyasi asosli mexanizmlarini ishlab chiqish, uni amaliyotga joriy etish, o'qishni, mustaqil bilim olishni individuallashtirish, masofaviy ta'lim (MT) tizimi texnologiyasi va vositalarini ishlab chiqish va o'zlashtirish, yangi pedagogik hamda axborot texnologiyalari asosida ETdan foydalangan holda talabalar o'qishini jadallashtirish ana shunday muhim vazifalar sirasiga kiradi. O'quv jarayonini ET asosida tashkil etish, shu jumladan, o'quv materiallarini bayon etishni takomillashtirish tamoyillariga ma'lum o'zgartirishlar kiritish kerak bo'ladi. AKTni ta'lim jarayonida (xususan, MT jarayonini) qo'llash asosan ikki xil ko'rinishda amalga oshiriladi. Birinchi sharti, bu texnik jihozlar bo'lsa, ikkinchisi sharti esa maxsus dasturiy ta'minotlar bilan ta'minlanganligidir. [6]

Texnik jihozlar bilan ta'minlanganlik: kompyuterlar, tarmoq qo'rilmalari, yuqori tezlikdagi internet tarmoqlari, video konferensiya jihozlari va hakazo. Dasturiy ta'minotga qurilmalarni ishlatadigan dasturiy ta'minotlardan tortib shu soha uchun mo'ljallangan dasturlar to'plami kiradi. So'nggi yillarda g'arbda ta'lim tizimini boshqarishda qo'llanilib

---

[6] Ganiyeva B. Kutubxona kataloglari: 0 'quv qo'llanma. — T.: Fan, 2012. - 116 b.

kelinayotgan internet tarmog'i orqali elektron shakldagi ta'lim turini Elearning (elektron ta'lim) atamasi bilan kirib keldi. Elektron ta'lim - axborot-kommunikasiya texnologiyalari asosidagi ta'limning turli ko'rinishlarini anglatuvchi keng tushunchadir. ET tashkillashtirishning ko'pgina manbalari orasidan quyidagilarni ko'rsatish mumkin:

- Mualliflik dasturiy mahsulotlari (Authoring tools);

-Virtual ta'lim jarayonini boshqaruvchi tizimlar LMS (Learning Management Systems);

- Ichki kontentni boshqaruv tizimlari CMS (Content Management Systems).[7]

Axborotlashtirish soxasidagi davlat siyosati, axborot resurslari, axborot texnologiyalari va axborot tizimlarini rivojlanish va takomillashuvining zamonaviy jahon tamoyillarini hisobga olgan holda milliy axborot tizimlarini yaratishga qaratilgan. Soxalarda katta xajmdagi axborotlarni to'planishi, yaxlit axborot makonini vujudga kelishi, ularni saqlash, qayta ishlash, uzatish jarayonlarida zamonaviy axborot-kommunikasiya texnologiyalardan foydalanishni yo'lga qo'yishni bilish lozim. Shu borada ta'lim tizimida xam

---

[7] Yo'ldoshev E., Raximova M. Hujjat fondlari. — T., 2004. - 152 b.

o'quv jarayonini olib borish uchun mo'ljallangan turli kompyuter dasturlari ishlatilib kelinmoqda va ularning soni kun sayin ortmoqda. Elektron ta'lim resurslar (ETR) - davlat ta'lim standarti va fan dasturida belgilangan, bilim, ko'nikma, malaka va kompetensiyalarni shakllantirishni, o'quv jarayonini elektron vositalar yordamida kompleks loyihalash asosida kafolatlangan natijalarni olishni, mustaqil bilim olish va o'rganishni hamda nazoratni amalga oshirishni ta'minlaydigan, talabaning ijodiy qobiliyatlarini rivojlantirishga yo'naltirilgan elektron ta'lim- uslubiy manbalar, didaktik vositalar va materiallar, multimediali elektron ta'lim resurslari, baholash metodlari va mezonlarini o'z ichiga oladi. ETR deyarli barcha axborotli materiallarni yagona axborot majmuasiga jamlash imkonini beradi. Bundan tashqari, unda davr talabidagi kerakli interfaollik, ko'rgazmalilik, mobillik, ixchamlik va ularni ko'paytirishda kam harajat sarflash, ko'p variantlilik, ko'p bosqichlilik bo'lish bilan birga bilim va ko'nikmalarni tekshirish uchun topshiriqlar, vaziyatli masalalar, keyslar va testlar to'plamining ko'p bo'lishi hamda vaqti-vaqti bilan yangilanib turishini ta'minlaydi. Zamonaviy elektron ta'lim resurslarining afzalligi, avvalo, o'quv jarayonida talabalarda mustaqillik va faollik rolini samarali tashkil etishdan iborat. Ta'lim jarayoniga ETRni joriy etish talabalarga fan bo'yicha axborotning to'liq manzarasini namoyish etish bilan birga, o'quv materialini mustaqil o'zlashtirish, o'qitishni individuallashtirish, nazorat va o'z-o'zini nazorat qilish imkonini beradi, ya'ni o'quv jarayoni samaradorligini oshirishga yordam beradi. Bundan tashqari, zamonaviy elektron ta'lim resurslarning afzalligi talabaga taqdim etilayotgan o'quv axborotlarini erkin qabul qilish, ularni individuallik xususiyatiga ko'ra, o'zlashtirishida pedagogning o'qitish funksiyasi talabaning o'ziga o'tadi. Bunda pedagog o'quvchini faqat qo'llab-quvvatlaydi, o'quv axborotlari oqimidan samarali foydalanish hamda yuzaga keladigan muammolarni hal etishda kerakli ko'rsatmalar orqali muammoni hal etishda yordam beradi.

1.3. Maktab ta'limida axborot-resurslardan shaxslararo muloqotni tashkil etishda foydalanishning zamonaviy pedagogik-psixologik asoslari

Dars mashg'ulotlari jarayonida hamkorlikdagi faoliyatning shakllanishi,uning ijtimoiy-psixologik jihatini tashkil qilish, har qanday faoliyatni, shu jumladan, o'quv faoliyatini tashkil qiluvchi tarkibiy qismlarni o'rganish so'nggi o'n yillarda amalga oshirila boshlandi. Hamkorlikdagi o'quv faoliyatining maqsadi o'zlashtiriladigan faoliyat va birgalikdagi harakatlar, munosabat va muloqotning boshqarish mexanizmini yaratishdir. Hamkorlikdagi faoliyat usuli deganda, o'qituvchi bilan talabaning birgalikdagi xatti-harakatlarining sistemasini tushunish kerak. Bunday xatti-harakatlar o'qituvchining talabaga ko'rsatadigan yordamidan boshlanadi, talabalarning faolligi asta-sekin o'sa borib, butunlay ularning o'ziboshqaradigan amaliy va aqliy harakatiga aylanadi, o'qituvchi bilan talaba o'rtasidagi munosabat esa sheriklik pozitsiyasi xususiyatiga ega bo'ladi.

Ma'lumki, har qanday pedagogik jarayonning asosiy maqsadi – tahlim oluvchida bilim, malaka va ko'nikmalarni hosil qilishdir. Bu narsa mahlumotlar almashinuvi orqali ro'y beradi. Pedagogik muloqot jarayonidagi axborot almashinuvi asosan uch shaklda amalga oshiriladi.1. Monolog; 2. Dialog; 3. Polilog. [8]

Monolog – mahruzachi yoki o'qituvchining tinglovchilar qarshisida nutq so'zlashi, mahruza qilishidir. Ayni shu usul tahlim-tarbiya jarayonidagi asosiy vosita

---

[8] Nigmatova Z. Hujjatlarga analitik-sintetik ishlov berish. Alfavit katalog. 0'quv qo'llanma. - Тошкент: A. Qodiriy nomi- dagi TDMI, 2018. - 50 b.

ekanligi to'g'risida ongimizga o'rnashib qolgan tasavvur mavjud. Bu holatda gapiruvchi mahlumotlarning asosiy tayanch manbai bo'lib hisoblanadi va faqat undangina faollik talab qilinadi. Lekin auditoriya, yahni tinglovchilar undan ko'ra passiv mavqeda bo'ladilar va bu narsa mahlumotning faqat bir qisminigina idrok qilish va eslab qolishga sabab bo'ladi.

Dialog – mavzu yoki muammoni guruh sharoitida o'qituvchi bilan birgalikda va hamkorlikda muhokama qilish yo'lidir. Bu usul tinglovchilarni nafaqat faollashtiradi, balki ijodiy muhitning bo'lishi va fikrlar almashinuvidan har bir tinglovchining manfaatdorligini tahminlaydi. Tinglovchi o'quv jarayonining obhektidan uning subhektiga aylanadi.

Polilog – guruh ichidagi munozaradir. Polilog jarayonida guruh a'zolarining har biri muhokama qilinayotgan masala yuzasidan o'z fikrini bildirish imkoniyatiga ega bo'ladi, o'qituvchi esa faqat ushbu jarayonnning tashkilotchisi rolini o'ynaydi. Bu usul mashg'ulotlar yoki muloqot darslari endi boshlanganda o'tkazilishi maqsadga muvofiq emas, chunki polilog uchun o'qituvchi bilan hamkorlikda ishlash tajribasidan tashqari yoshlarga o'sha soha yuzasidan ma'lum bilimlar majmui hamda hamkorlikda ishlash tajribasi zarur. Kadrlar tayyorlash va ularning malakasini oshirish jarayonida yangi pedagogik-psixologik texnologiyalarga oid usullar AQSH va Yevropaning rivojlangan mamlakatlari o'quv muassasalarida joriy etilib, sinovdan o'tkazilgan. Hozirgi davrda yurtimizda bir qator o'quv muassasalarida o'qitishning yangi pedagogik-psixologik texnologiyalaridan unumli foydalanilmoqda, ammo dars mashg'ulotlarida baribir asosiy anhanaviy usul «o'qituvchi monologi» tarzida olib boriladigan muloqotga asoslanadigan uslub yetakchi o'rin egallaydi.

Dars mashg'ulotlarida samarali muloqotni tashkil etishda quyidagi usullardan foydalanish maqsadga muvofiq bo'ladi deb, o'ylaymiz:

aqliy hujum (Brainstorming): tinglovchilarda hozirjavoblik (og'zaki yozma) sifatlarini rivojlantirishga yo'naltirilgan usul (amerikalik olim A. Osborn 30-yillarda taklif etgan). Metodning psixologik mohiyati shundaki, oddiy munozara bahslashuvlar ko'proq ongli, asosli fikrlarni bayon etishga harakat qiladilar. Bunda bahslashuvchilarga miyaga qanday fikr quyilib kelsa, uni tanqidsizasoslamay erkin, «tilga nima kelsa», lekin navbatma-navbat aytish imkoniyati beriladi. Bu narsa ko'proq muammo ancha notanish, savol murakkab va noaniq bo'lgan sharoitlarda qo'l keladi. Ya'ni bunda «erkin assosatsiyalar»ga imkon beriladi va oxir-oqibat guruhning o'zi mahlum ratsional «mag'zni» jr tib l di;

bahs-munozara (Debate): alohida dars ko'rinishida bo'lib, o'tilgan mavzuga doir bahsli, tortishuvli muammolarni ikki guruhga bo'linib hal etish. Bu usulni qo'llagan o'qituvchi tinglovchilarni ikki guruhga – «tarafdorlar» va «qarshilar» guruhlariga bo'ladi. O'rtaga tayinlangan boshlovchi bahsni muvozanatga solib turadi.

guruhlarga bo'lib ishlash: auditoriyadagi tinglovchilar soniga qarab 10-12 kishidan iborat guruhlarga bo'linadi. Har bir guruhga guruhboshilar tayinlanadi. Guruhlar mavzuga doir muammoni hamkorlikda yechadilar va har bir guruhdan bir yoki ikkilahda ishlash: auditoriyadagi barcha tinglovchilarning yonidagi yoki orqasida o'tirgan sherigi bilan baravariga fikr almashib muloqot qilishi. Anhanaviy usulda auditoriya «o'qituvchi+ talaba» yoki «talaba+ talaba» o'rtasida muloqot bo'lib, qolganlar sust tinglovchi bo'lib qolar edi. Yangi usulda auditoriyadagi barcha tinglovchilar, hatto sust o'zlashtiruvchilar ham o'zaro muloqotga kirishib, dars ishtirokchisiga aylanadi (Chain drill): tinglovchilarning darsda o'rganilgan mavzuni qismlarga bo'lib, navbatma-navbat bayon etishlari orqali yaxlit bir ko'rinishd umuml shtirish usuli;

Ijodiy ish ('rojesk work): tinglovchilarning ijodiy va intellectual qobiliyatlarini rivojlantirishga qaratilgan, estetik didlariyshakllantiriadiganalohida dars ko'rinishida bo'lib, bir mavzu yuzasidan bir yoki bir necha talabaning o'z qarashlarini ochiq bayon qilishi. Savol beruvchi reportyor tinglovchilar orasidan tishlanadi.(Motivation) tinglovchilar faoliyati dars salohiyatlariga qarab ikki xil ko'rinishda namoyon bo'ladi: Ichki intilish - o'zi qiziqqan fanni ichki hissiyot bilan berilib o'rg nish; shqi intilish – fanni faqat baho olish uchun yoki boshqalarning majburlashi asosida o'rganish. O'qituvchi dars davomida tinglovchilarning motivatsiyalarini chuqur o'rganish orqali ularda fanga nisbatan ichki intilishni kuchaytirishga harakat qilishi lozim.(Eliciting): yo'naltirilgan yondashuv uslubidagi yangi texnologiya bo'lib, qiyin mavzuni tushuntirishda savollar bilan murojaat qilish usulidir. Mazkur usulning afzalligi shundaki, o'qituvchi tinglovchiga tayyor narsani aytib bermay, mavzuni mustaqil ravishda tushunib olishlariga imkon yaratadi.Interaktiv (Interaction): «o'qituvchi – o'quvchi», «o'quvchi

- o'quvchi» muloqoti. Hozirgi kunga kelib, telekomunikatsiya xizmatlaridan, internet tarmog'idan foydalanishga asoslangan o'qituvchi va o'quvchi muloqotining masofaviy usuli keng tarqalmoqda. Masofaviy tahlim sirtdan o'qitish shakllaridan biri bo'lib, o'qitish jarayoni subhektlari orasida mahlumotlarni maksimal darajada axborot texnologiyalarini qo'llagan holda faol almashinuvini, yahni kompg'yuter tarmoq tizimi orqali dasturlarni, elektron darsliklarni tarqatish, rejalashtirish, sinovlaro'tkazish hamda boshqarish nazarda tutiladi. Masofaviy tahlim tushunchasi bilan birgalikda «interaktiv muloqot» degan termin ko'p qo'llaniladi. Bunda o'qitish jarayoni subhektlarining mavjud vosita va usullardan foydalangan holda muloqot qilishi tushuniladi. Interaktiv masofaviy o'qitish jarayonida o'qituvchi va o'quvchi o'zaro muloqotga kirishadi, dialog real vaqt birligida elektron pochta, WEB sayt, chat, telekonferentsiya va boshqa shakllarda amalga oshiriladi.

[9]

Masofaviy o'qitishning ikkita uslubi mavjud:

---

[9] Рахматуллаев М.А. Информационные технологии в библиотеках. Методическое пособие по разработке проектов с использованием новых информационных технологий в библиотеках. Учебное пособие. — Тошкент, 2003. — 272 с.

asinxron oʻqitish, yahni bu yerda guruhni tashkil qiluvchi bitta kurs talabalari bazaviy oliygohdan yiroqda boʻlgan holda, bazaviy maorif muassasasi tomonidan ishlab chiqilgan oʻquv-uslubiy qoʻllanmalar va materiallar yordamida individual oʻquv r j sig s s n shugʻull nish di;

sinxron oʻqitish («birgalikda ishlash»), yahni bu yerda mashgʻulotlarni (mahruza, maslahat, seminar va boshqalar) olib boruvchi bazaviy oliygoh va bir paytda shugʻullanuvchi talabalar guruhi bir paytning oʻzida masofa jihatidan bir-biridan ajralgan. SHuni aytib oʻtish lozimki, hozirgi paytda bunday guruhlar umuman olganda virtual boʻlishi ham mumkin, yahni mashgʻulotni oʻtayotgan talabalar va oʻqituvchilar faqatgina bitta auditoriyada, bitta shaharda emas, hattoki bitta davlatda boʻlmasliklari ham mumkin. Bunda oʻqituvchilar bilan talabalar oʻrtasida muloqot real vaqt doirasida yuz beradi. Inson oʻz faoliyati jarayonida boshqa odamlar bilan muomalaga kirishishiga toʻgʻri keladi. Muomala jarayonida odamlar axborot almashinadilar, bir –birlariga taʼsir oʻtkazadilar va tahlim –tarbiya beradilar, tajriba almashadilar. Muomala har qanday faoliyatning zaruriy muhim jihatidir. Aynan muomala jarayonida va faqat u orqali insonning mohiyati namoyon boʻladi, oʻzaro tushinishga, ishni bajarish chogʻida uygʻunlikka erishiladi, u yoki bu holatlarda bir-

birlarining xatti-harakatlarini bashorat qilish qobiliyati o'sadi yoki, aksincha,nizolar va axloqiy ziddiyatlar, ishdagi kelishmovchililiklar yuzaga keladi, muloqotdagi sherigining xatti-harakatini oldindan ko'rishga qobiliyatsizlik namoyon bo'ladi. Muomala yoki kommunikatsiya – odamlarning o'zaro hamkorligi shakllaridan biridir. Muomala odamlarning voqehlikni aks ettirishi natijasini ifodalovchi xabarlar almashish jarayoni bo'lib, ular ijtimoiy borlig'ining ajralmas qismi hamda ularning individual va ijtimoiy onggi shakllanishi va amal qilishining vositasidir. Muloqot yordamida odamlarning birgalikdagi faoliyat jarayonida maqsadli hamkorligini tashkil etish, tajriba almashish, mehnat va turmush ko'nikmalarini berish, mahnaviy ehtiyojlarini namoyon etish va qondirish yuz beradi.

  O'zbekiston qadimdan ilm-fan rivoj topgan mamlakat hisoblanadi. XI asrda ushbu yurtda 36 ta ilm yo'nalishi fan sifatida shakllandi. Muhammad Xorazmiy, Abu Rayxon Beruniy, G'arbda Avitsenna nomi bilan mashhur bo'lgan Abu Ali ibn Sino, Mirzo Ulug'bek kabi allomalarimiz bilan haqli ravishda faxrlanamiz. Ularni jahonda tanimagan mamlakat va millat yo'q, desak mubolag'a bo'lmaydi. Ta'bir joiz bo'lsa, aytish lozimki, ulug' mutafakkir olimlarimiz Markaziy Osiyoni, O'zbekiston xududini jahon tsivilizatsiyasining markazlaridan biriga aylantirdilar.

Ma'lumki pedagogik faoliyatning poydevorini samarali muloqot tashkil etadi. Bugungi kunda tahlim sohasi jadal rivojlanayapti. Bu sohadagi zamonaviy yondashuvlar bo'yicha jahon tajribasini o'rganish va o'z tahlim tizimimizda ulardan samarali foydanish muhim tajribaga ega. 'ISA ('rogrammfor international Student Assesment) – rivojlangan mamlakatlarda tahlim berish sifatini tekshiruvchi nufuzli xalqaro tashkilotlardan biri. 2000 yildan buyon faoliyat yurituvchi mazkur muassasa sahy-xarakatlari bilan ko'plab mamlakatlar o'z tahlim tizimidagi kamchilik va nuqsonlarni bartaraf etish, samaradorlikni oshirishga erishib kelmoqda. Tashkilotning tadqiqot usulidan mamlakatlardagi tahlim berish darajasini baholash naqadar muhimligini tushinib yetish mumkin. Har uch yilda bir bor o'tkaziladigan mazkur tadqiqot usuli ikki mezonga asoslanadi. [10]

Birinchisi, iqtisodiy va ijtimoiy bilimlarning jamiyatda tutgan o'rni o'rganiladi. Ikkinchi mezon esa shiddat bilan yuksalib borayotgan zamonda inson muvaffaqiyatining asosiy omili hisoblangan individual tahlim darajasini baholashni nazarda tutadi. Matematika va tabiiy fanlar bo'yicha bir sinfdagi bilimli va bo'sh o'zlashtirivchi o'quvchilar o'rtasidagi

---

[10] Raxmatullayev M.A. Avtomatlashtirilgan kutubxona: O'quv qollanma. — Toshkent, 2003. — 266 b.

farqning katta-kichikligiga qarab ham ta'lim samaradorligini aniqlash mumkin. Bunda faqatgina o'quvchilarning o'zlashtirish darajasi emas, balki mustaqil fikrlash, dunyoqarashini kengaytirishga undaydigan noodatiy topshiriqlarni bajarish imkoniyatlari ham ko'rib chiqiladi. Masalan, 2000 yili tashkilot tomonidan olib borilgan tadqiqotlarda asosan o'quvchilarning matnni o'qish va tushunish darajasiga ko'proq ehtibor berilgan. Mutaxassislar bolalarga ilmiy jurnallardagi matnlarni o'qitib, mavzu yuzasidan savollarga javob olishgan. 2003 yili bolalarning matematika, 2006 yili esa tabiiy fanlarni o'zlashtirish darajasi chuqur o'rganilgan. Tashkilot mutasaddilari berilgan topshiriqlarni ijobiy bajargan o'quvchilar fanlarni mustaqil o'zlashtirish, shiddatkor zamonda har qanday sharoitda ham o'z o'rniga ega bo'lishiga ishonch bildirishgan. SHu bois 'ISA o'tkazgan tadqiqot natijalari nafaqat jamiyat va hukumatlarni, tabiiyki, farzandi taqdiridan xavotirlanayotgan ota-onalarni ham qiziqtirayotir. 'ISA tashkiloti 13 yil mobaynida turli mamlakatlardagi tahlim darajasini 4 marotaba tekshirib ulgurdi. Tadqiqotlar natijasiga ko'ra, Finlandiya tahlim tizimi dunyoda yetakchi o'rinda turishi isbotlandi. Keyingi o'rinlarni Osiyo qithasida joylashgan Janubiy Koreya, Xitoy, Yaponiya hamda Singapur band etdi. [11]

---

[11] Begimkulov U.Sh. Pedagogik ta'limda zamonaviy axborot

Finlandiya tahlim tizimining muvaffaqiyati siri, birinchi navbatda mamlakatda pedagog kadrlarning yuksak tayyorgarligi bilan izohlanadi. Mamlakatda oʻqituvchilik sohasi eng obroʻli kasblardan biri boʻlib, nufuzi jihatdan shifokorlik va xuquqshunoslik kabi kasblarga tenglashtiriladi. Oʻqituvchilar barcha universitetlardagi pedagogika fakultetlarini bitirib chiqayotgan iqtidorli magistrlar orasidan saralab olinadi. Agar talaba maktabgacha tahlim muassasasida tarbiyachi yoki kechki maktabda oʻqituvchi boʻlib ishlashni istasa, uch yillik bakalavr diplomi bilan ham bu vazifani bajarishi mumkin. Ammo aksariyat talabalar tahlimning ikki yillik magistratura bosqichini ham oʻqishni ma'qul koʻradilar.

Har yangi oʻquv yili boshida barcha oʻqituvchilar qaytadan tanlov asosida ishga qabul qilinadi. Maktablarda oʻqituvchilik lavozimiga oʻtkaziladigantanlovlarda esa 1 oʻringa oʻrtacha 12 nafar magistr darajasiga ega pedagog toʻgʻri keladi. SHu bois oʻqituvchilardan oʻz ish oʻrni va mavqeini saqlab qolish uchun tinmay izlanish talab etiladi. Boshlangʻich tahlim muassasalarida har toʻrtinchi, oʻrta tahlim muassasalarining esa 45 foiz oʻqituvchisi erkak pedagoglardan iborat. Oʻqituvchilar oʻzi istagan oʻquv

---

texnologiyalarini joriy etishning ilmiy-nazariy asoslari. Monografiya. -T.: Fan, 2007

qo'llanma va yordamchi dasturlardan foydalanib,darsni erkin o'tish huquqiga ega. Faqat ushbu manbalar bugungi kun talabiga javob berib, milliy manfaatlarga zid kelmasligi lozim. Finlyandiyada boshlang'ich tahlim 6 yil davom etadi. O'quvchilarning bilimlarni o'zlashtirish darajasidan qathiy nazar 3 sinfdan ingliz tilini, 5 sinfdan qo'shimcha ravishda nemis, frantsuz va rus tillaridan birini o'rganish majburiy. Erta yoshdan yahni boshlang'ich tahlimdanoq soliq va bank mahlumotnomalarni to'ldirish kabilar haqida muayyan tushunchaga ega bo'lib borishadi. Maktabning har bir sinfida 15 nafardan bola o'qishi mehyor qilib belgilangan va bu pedagoglarga o'quvchilarning har biri bilan alohida shug'ullanish uchun imkon yaratadi.

   Boshlang'ich sinf o'quvchilari maktab dasturidan qolib ketmaslik uchun haftada ikki-uch marta qo'shimcha dars oladi. Maktab hayotida ota-onalar ham muhim o'rin tutadi. Ular navbat bilan haftaning har chorshanba kuni o'quv muassasasiga borib, maktab faoliyati to'g'risida aniq mahlumotga ega bo'lishadi. Fin millatiga mansub o'quvchilar 7 sinfdan boshlab shved, yahni ikkinchi davlat tilini, shvedlar esa fin tilini o'rgana boshlaydilar. Yuqori sinf o'quvchilarinin 30 foizi tengdoshlaridan qolib ketmaslik uchun qo'shimcha darslarga, 43 foizi esa yozgi tahtil vaqtida ham to'garak va qo'shimcha mashg'ulotlarga qatnaydilar. Finlyandiyada fanlarni qay darajada o'zlashtirishidan qathiy nazar, o'quvchilarning 9 sinfni bitirgunga qadar tabaqalashishiga yo'l qo'yilmaydi. 9 sinfgachao'quvchilarning bilimi baholanmasligi, uy vazifasi berilmasligi ushbu yurt tahlim tizimining o'ziga xos xususiyatlaridan biri hisoblanadi. O'quvchilar 16 yoshga to'lgandagina maktabda olgan bilimlari bo'yicha ommaviy tarzda ilk bor test sinovidan o'tishadi. O'quvchi va talabalarga imtihonlarda turli o'quv qo'llanmalar yoki internetdan foydalanishiga ruxsat beriladi. 7-9 sinf o'quvchilari uchun kasb tanlashga ko'maklashuvchi maxsus pedagog va psixologlar ajratiladi. Ular bolalarning salohiyatini o'rganib, qaysi sohaga qiziqishi kuchli ekanini aniqlaydi va o'quv muassasasi yoki kasbni tanlashiga yordam beradi. Mamlakatning xohchekka qishlog'ida, xoh shahar markazida bo'lsin, tahlim muassasalarida bilim olish uchun bir xil sharoit yaratilgan. Maktabni tamomlagan o'quvchilarning 66 foizi litsey va kasb hunarga ixtisoslashtirilgan texnika maktablariga qabul qilinadi. [12]

Bu esa Yevropa davlatlari orasida eng yaxshi ko'rsatkich hisoblanadi. "Bola kattalarga nisbatan turli shart-sharoit va qiyinchiliklarga moslashuvchan bo'ladi. Faqat u bilan munosabatga kirishishda eng to'g'ri yo'lni aniqlab olish

---

[12] Portal Internet-obucheniya E-education.ru - http://www.e-education.ru

kerak. Zarur bo'lganda unga mahlum bir talab va chegaralar qo'yib borilsa, ko'zlangan maqsadga osonlikcha erishiladi". Ushbu fikrlar Yaponiya tahlim tizimi asoschilari Nakaz Todzyu va Kanbara Ekikenga tegishli. 17 asrda paydo bo'lgan mazkur tahlim tizimi bugungi kunda ancha zamonaviylashib, Sarqiy Osiyoda joylashgan ushbu davlatning qudratini namoyon etib, dunyo miqiyosida tutgan o'rnini mustahkamlab turibdi. Mamlakatda12 yillik maktab tahlimining teng yarmi boshlang'ich tahlim hissasiga to'g'ri keladi. O'qishning ilk kunlari bolalr onalari bilan birga maktab bo'ylab sayohat o'tkazishadi. Yaponiyada bolalar 6 yoshdan boshlang'ich maktabga boradi. Ilk davrda o'quvchilarni qobiliyatiga qarab sinfdan-sinfga ko'chirish yoki qoldirish, kuchli va kuchsiz guruhlarga ajratish mahn etilgan. Sanoqli xususiy maktablardagina ayrim guruhlarda matematika va ingliz tili fanlari chuqurlashtirilgan holda o'qitiladi. Bolalar maktabga moslashib olgach, turli xarakterdagi, layoqati va iqtidori bir-biridan farq qiladigan o'quvchilar 5-6 nafardan iborat guruhlarga bo'linadi. [13] Har bir guruhda yetakchilar hamda past o'zlashtiruvchi o'quvchilar aniqlab

---

[13] Muratov Khusan Holmuratovich. Implementation of independent educational activities of students. European journal of research and reflection in educational sciences. vol. 7 no. 12, 2019. issn 2056-5852. 25-25.

olinadi. Maktablarda o'qituvchilar o'quvchilarni qattiqqo'llik bilan boshqarish, ularga zug'um o'tkazishi qathiy tahqiqlangan. Guruhlardagi har qanday kelishmovchilikning tezda bartaraf etilishi, berilgan topshiriqlarning guruhla o'rtasida o'zaro inoqlikda bajarilishi o'qituvchi mahoratini belgilab beradi. Mamlakatda o'quv yili 240 kun davom etadi. Bu muddat umumjahon standartiga mos kelmasa-da, yapon o'qituvchilari, aniqsa, yuqori sinf o'quvchilariga uy vazifalarini ko'proq berib, ularni uyda ham kuniga 5-6 soatdan dars qilishga undaydi. Ota-onalar ham farzandlarining tahlim-tarbiyasiga katta mashliyat bilan yondashadi. Ular bolalarining uy vazifalarini o'z vaqtida bajarishini qathiy nazorat qiladilar. Farzandi kasal bo'lib dars qoldirilsa uning o'rniga maktabga borib, barcha o'tilgan mavzularni o'rganib kelib, bolalariga tushuntirib berishga ham vaqt topishadi. Yaponiyaning har bir maktabida xonalar eshigiga shunday eslatmalarni o'qishingiz mumkin:

Xonaga kirishdan oldin 2-3 marta eshikni taqillating.

O'qituvchi ruxsat bergach, ichkariga kirib, kechirim so'rab, gap boshlang, maqsadingizni qisqa ifoda eting.

Suhbat yakunlangach kechirim so'rang.

Sinfdan chiqib, eshikni sekin yoping.

Maktabda kattayu-kichik ana shu qoidalarga qathiy amal qiladi. Shuningdek, aksariyat maktablarda 1-sinf o'quvchilari 6-sinf o'quvchilariga biriktib qo'yiladi. SHu yo'sinda ularning har biri o'qish davrida alohida himoyachiga ega bo'ladi. Bu anhana boshlang'ich sinf o'quvchilarning maktabga moslashishi uchun juda zarur. Maktab o'quvchilari uchun boshqa ko'plab qoidalar ham belgilab qo'yilgan. Masalan, qizlarga pardoz-andoz qilish, turli taqinchoqlar, hatto soch to'g'nag'ichlaridan foydalanishga ham ruxsat berilmaydi. Mamlakatda o'quvchilarning kiyinishiga ham katta ehtibor beriladi. Masalan, asosiy (7-9 sinflar) va yuqori o'rta maktab (10-12 sinflar) o'quvchilari rasmiy kiyim kiyishga majburlar. 1-6 sinf o'quvchilari esa erkinroq kiyinishlari, biroq ularning maktab o'quvchisi ekani sezilib turishi lozim. Yaponiyada 1-sinf o'quvchilariga uzoqdan ko'zga tashlanadigan sariq rangdagi kepkalar tarqatiladi. 2-sinfdan boshlab esa ular ikki xil rangdagi bosh kiyimlariga ega bo'lishadi. Birinchisidan yoz, ikkinchisidan qish mavsumida foydalanishadi. Mazkur bosh kiyimlari avtomobil haydovchilarini hushyorlikka chorlaydi. Ko'cha-kuyda o'quvchilar ajralib turadi. Yaponiyada maktab binolari, sinflar va sport zallari bir xil TIP asosida loyihalangan. Jihozlanishi ham bir xil.

Yaponiyada birinchi sinfdan to oxirgi sinfgacha o'tish imtihonlari bo'lmagan, unchalik keng tarqalmagan nodavlat maktablar ham faoliyat ko'rsatadi. Yaponiya maktablarida bola tarbiyasida ota-onadan ko'ra o'qituvchining tutgan o'rni yuqoriroq. Hozirgi kunda jahon ilm-fan ahlining O'zbekiston tahlim siyosatiga qiziqishining kuchayishi, olib borilayotgan islohatlardan qoniqishining ikki sababi bor deb o'ylaymiz. Birinchidan, mamlakatimiz tahlim sohasida olib borilayotgan islohatlar, ijobiy ishlar vorisiylik tamoyiliga ega. Yahni, ilm-fanga tahlim sohasiga e'tibor bizga milliy meros. Zero, yurtimiz mutafakkir olimlari, ziyolilar, Vatan fidoyilari har doim ham ilm-fanni mamlakat va millat rivojining ustivor yo'nalishi deb bilganlar. XXI asrda odamning eng tabiiy bo'lgan muloqotga ehtiyoji, uning sirlardan xabardor bo'lish va o'zgalarga samarali tahsir eta olishga bo'lgan intilishi yanada oshdi va buning qator sabablari bor. Birinchidan, industrial jamiyatdan axborotlar jamiyatiga o'tib bormoqdamiz. Axborotlarning ko'pligi aynan inson manfaatiga aloqador mahlumotlarni saralash, u bilan to'g'ri munosabatda bo'lishni taqozo etadi. Axborot XXI asrda eng nodir kapitalga aylanadi va bu o'z navbatida insonlarga zarur axborotlarning uzatilishi tezligi va tempini o'zgartiradi.

[14] Ikkinchidan, turli kasb-faoliyat sohasida ishlayotgan

---

[14] Introduction to Library and Information Science// en.wikibooks.org. —

odamlar guruhining ko'payishi, ular o'rtasida munosabatlar va aloqalarning dolzarbligi axborotlar tig'iz sharoitida oddiygina muloqotni emas, balki professional, bilimdonlik asosidagi muloqotni talab qiladi. Umuman, XXI asrning korporatsiyalar asri bo'ladi, deb bashorat qilayotgan iqtisodchilar ham bu korporatsiya insonlarning o'zaro til topishlariga qaratilgan malakalarning rivojlangan, mukammal bo'lishi haqida gapirmoqdalar. Undan tashqari, bu kabi korporativ aloqa ko'p hollarda bevosita yuzma-yuz emas, balki zamonaviy texnik vositalar — uyali aloqa, fakslar, electron pochta, internet kabilar yordamida aniq va lo'nda fikrlarni uzatishni nazarda tutadi. Bu ham o'ziga xos muloqot malakalarining ataylab shakllantirilishini taqozo etadi. Uchinchidan, oxirgi paytlarda shunday kasb-xunarlar soni ortdiki, ular sotsionomik guruh kasblar deb atalib, ularda «odam-odam» dialogi faoliyatning samarasini belgilaydi. Masalan, pedagogik faoliyat, boshqaruv tizimi, turli xil xizmatlar (servis), marketing va boshqalar shular jumlasidandir. Bunday sharoitlarda odamlarning ataylab muloqot bilimdonligining oshirilishi mehnat mahsuldorligini belgilaydi. Shuning uchun ham hozirda muomala, uning tabiati, texnikasi va strategiyasi, muloqotga o'rgatish (ijtimoiy psixologik trening) masalalari bilan shug'ullanuvchi fanlarning

---
2015. — p.83

ham jamiyatdagi o'rni va salohiyati keskin oshdi.[15]

Muomala ishtirokchilarining aloqaga kirishish jarayonida bir-birlariga nisbatan ular uchun u yoki bu darajada muhim bo'lgan muayyan maqsadlarni ko'zlashlari odatiy holdir, bu maqsadlar o'z mazmuniga ko'ra bir-biriga mos kelishi yoki bir –biridan farq qilishi mumkin. Mazkur maqsadlar – muomala ishtirokchilarida mavjud bo'lgan mahlum motivlar ta'sirida yuzaga kelib, ularni amalga oshirish har bir insonda muomalaning obhekti va subhekti sifatlarin rivojlanishi davomida shakllanadigan turli xulq-atvor usullaridan doimiy foydalanishni taqozo qiladi. Ko'pgina hollarda, muomala deb ataluvchi insonlarning shaxslararo munosabatlari faoliyat bilan chambarchas bog'liq holda uning amalga oshirilishining sharti sifatida yuzaga chiqadi. Shu bilan birga, muomala xizmat qilayotgan faoliyat turi faoliyat qatnashchilari orasidagi muomala mazmuniga, shakliga, uning jarayoni oqimiga o'z tahsirini o'tkazadi. Shaxslararo muomala, uning amalga oshirilishi insonlarning o'zaro hamkorligini taqozo etadigan faoliyatning zaruriy komponenti bo'libgina qolmay, bir vaqtning o'zida insonlar jamiyati normal hayoti uchun zaruriy sharoit hamdir. Odamlarning turli

---

[15] http://traditio-ru.org/wiki/Библиотечно

birlashmalarida shaxslararo muomala xarakterini solishtirganda ular orasidagi o'xshashliklar va farqlar yaqqol ko'zga tashlanadi. O'xshash tomonlari muomala ular turmushining zaruriy sharoiti, ular oldiga qo'yilgan vazifalarni samarali bajarish va ularning oldinga harakat qilishlari omili ekanligida ko'rinadi. Shu bilan birga har bir jamoa o'zidagi ustun faoliyat turi bilan xarakterlanadi.

Rivojlanishning to'laligi, ushbu elementlarning amalga oshishi muloqot davomida insonning ahvoliga jiddiy tahsir ko'rsatadi. Masalan, muloqot davomida istalgan axborotning olinganligi, tushunilganligi haqidagi signalning mavjudligi qoniqish hissini keltirib chiqaradi, keyingi muloqot jarayonini yanada faollashtiradi Yuqorida keltirilgan fikr-mulohazalar va to'plangan ilmiy manbalar muomala jarayoni va kasbiy muloqot sohasida ilmiy izlanish olib borayotgan tadqiqotchilar hamda keng kitobxonlar ommasi uchun foydali bo'ladi degan umiddamiz.

II. MAKTAB TA'LIM TIZIMIDA AXBOROT OLISH MADANIYATINI SHAKLLANTIRISH MASALALARI

2.1. Axborot-resurslardan foydalanish orqali muloqot va ijtimoiy madaniyatni yuksaltirish tendensiyalari

Axborot texnologiyalarining rivoji insoniyatning bilim olish ko'lami va imkoniyatlarini misli ko'rilmagan darajada kengaytirdi. Internet tarmog'ining paydo bo'lishi va bu sohadagi boshqa yutuqlar barcha uchun bilim olish imkoniyatlarini tenglashtirdi. Bunday o'zgarishlar ro'y berayotgan jamiyatda yashash o'ziga xos ma'suliyatlarni zimmasiga olishni nazarda tutib, odam o'zini-o'zi tarbiyalashi va hajmi misli ko'rilmagan darajada ortib ketayotgan axborotni "hazm qilishga" ko'nikish lozimligini nazarda tutadi. Shu o'rinda eng ishonchli va eng to'g'ri ma'lumotlarni sarashni o'rganishning ahamiyati ham tobora yuksalib bormoqda. Mamlakatimizda ta'lim-tarbiya sohasida olib borilayotgan islohotlar ta'lim muassasalari kutubxonalari faoliyatini ham zamonaviy talablar va ehtiyojlardan kelib chiqqan holda qayta tashkil etish, takomillashtirish zaruriyatini kun tartibiga qo'ymoqda. Chunki ular ta'lim tizimi mazmunan va shaklan yangilanayotgan bir pallada hosil bo'layotgan kuchli axborot oqimini qabul qilish, jamlash va o'z o'rnida, ularni keng jamoatchilik, professor-o'qituvchilar, talabalar hamda o'quvchilarga eng manzur yo'llar bilan taqdim etishdek muhim vazifani bajarishlari lozim. Ushbu axborot manbalariga, birinchi galda, o'quv adabiyotlari, me'yoriy hujjatlar, metodik qo'llanmalar va bevosita ta'lim jara-yoniga taalluqli bo'lgan boshqa manbalar kiradi.

Respublikamizda ta'limni modernizatsiyalashtirilayotgan jarayonda jamiyatni tezkor axborotlashtirish, o'quv nashrlari bozorini barpo etish, axborot texnologiyalarini rivojlantirish bilan uyg'un tarzda kechmoqda. Bularning barchasi ta'lim muassasalari kutubxonalarining ajralmas qismi, chinakam axborot ta'minoti markazi, shaxsning axborot olish madaniyatini shakllantiradigan bazasiga aylantirishni taqozo etadi. Shuni ta'kidlash kerakki, har bir ta'lim muassasasi global axborot tarmog'idan o'ziga zarur bo'lgan ma'lumotlarni olishi va qayta ishlab, foydalanishi lozim. Ilgarilari moddiy ne'matlar jamg'arishga katta ahamiyat berilgan bo'lsa, endilikda axborotlar va bilimlar jamiyatning bosh resurslariga aylanib bormoqda, ya'ni axborotga bo'lgan munosabat tubdan o'zgarib, u jamiyat va davlatni rivojlantirishning tabiiy, moliyaviy, mehnat va boshqa resurslarlari bilan bir qatorda, turgan strategik resurs sifatida anglana boshlandi. Zamonaviy axbo-rot-resurslari, axborot tizimidagi hujjatlar oqimining tavsif va xususi-yatlari tobora o'zgarib bormoqda. Axborot texnologiyalari rivojla-nishining bugungi darajasiga ko'ra, qog'oz shakldagi axborot tashuv-chilar elektron vositalarga o'tkazilmoqda. Bu holat hujjatlar va ma'lumotnomalargagina emas, balki badiiy matnlar, nazariy, pe-dagogik va metodik adabiyotlarga ham taalluqlidir.

Axborot texnologiyalari rivojlanishi tufayli hayotimizga Internet kirib keldi, kitoblar ham, matbuot nashrlari ham elektron shaklda taqdim etila boshlandi. Axborot oqimining ko'pligi u bilan tani-shish, qayd qilish, unga ishlov berish, undan foydalanishga bo'l-gan munosabatni o'zgartirish, ya'ni axborot olish madaniyatini egallash zaruriyatini keltirib chiqardi. Endi kutubxona deganda, o'quvchilarning kitob o'qishi haqidagina emas, balki pedagoglar boshqacha aytganda, aholining mutolaa madaniyati to'g'risida fikr yuritish odat tusiga aylandi. Jamiyatimiz beqiyos darajada axborotlashayotgan shunday bir sharoitda kutubxonachining kasbiy tayyorgarligini tubdan yaxshilash, kutubxonachilar, o'quvchilar, talabalar va professor-o'qituvchilarning axborot olish madaniyatini shakllantirish, bu borada ularning o'zaro hamkorlik qilishlarini ta'minlash vazifasi yuzaga keldi, bu vazifa davlat buyurtmasiga aylandi.[16]

Axborotlashayotgan jamiyatda fuqarolarning axborot olish madaniyatini shakllantirish

---

[16] Botir Boltabaevich Baymetov, Khusan Kholmuratovich Muratov. Self Sketches as a Tool in the Professional Training of a Future Artist-Teacher. Solid State Technology. 2020/2/29. Vol. 63 № 2 (2020). 224-231.

dolzarb ahamiyatga ega. Mana shu jara-yonning samarali kechishida esa pedagoglarning o'rni beqiyos. O'quvchi, talabaning kitob o'qishi, pedagoglarning nazariy, pedago-gik va metodik adabiyotlar bilan o'z vaqtida tanishib borishlari, shu yo'l bilan bilimlarini oshirishlari, dunyoqarashi, o'qimishli kishi-larga xos jihatlarini tarbiyalashlari, kasbiy mahoratlarini yuksaltirishlari bevosita axborot olish madaniyatining shakllanishi bilan bog'liq. Axborot-resurs markazlarining tashkil etilishi o'quvchilarga axborot olishning zamonaviy, avtomatlashgan shaklini taqdim etadi. Metodik adabiyotlarda ilgari surilgan fikrlarni umumlashtirish hamda ularni tahlil etish kitobxonlarda axborot olish madaniyatini shakllantirish zaruriyatini keltirib chiquvchi omillar quyidagilardan iboratligini e'tirof etish imkonini beradi:

- ta'lim modeli o'zgarib, bir umrga yetadigan bilim olish o'rnini umr bo'yi ta'lim olish egallay boshlaganligi;
- axborot ko'lamining jadal ortib borayotganligi;
- jamiyatning keng miqyosda axborotlashayotganligi;
- axborot olishda u bilan tanishishning o'zi yetarli emasligi;
- axborot olish oz miqdordagi adabiyotlar bilan cheklanishni ifoda etmasligi;
- axborotni imkon qadar ko'proq o'zlashtirish jamiyat taraqqiyotini ta'minlovchi eng muhim omil ekanligi;
- tobora taraqqiy etayotgan axborot texnikasi va texnologiyasidan foydalanilayotganligidir.

Bugun kompyuterga ega Internetga ulanish imkoniyati mavjud bo'lgan xonadonlar, tashkilotlarga axborot jadal kirib bormoqda. Bunday axborotlashuv jarayoni jamiyatning axborot-resurslari zahirasida, ya'ni axborotlashtirilgan makonning yuzaga kelishi va kutubxonalarning yangi sharoitda innovatsion faoliyat ko'rsatishi hamda shunga yarasha kitobxonning axborot olish madaniyatini egallashida o'z ifodasini topmoqda.

Zamonaviy axborot makoni kitobxonlar uchun katta imkoniyatdir. I. G. Zaxa-rovaning fikricha, «ushbu imkoniyatlardan jamiyatning yangi axborot makonida mo'ljal ola bilishga imkon beradigan zarur bilimlarga ega bo'lgan a'zolarigina oqilona foydalanadilar». Aks holda, yangilik topish ilinjida axborot ummoniga sho'ng'igan kitobxon hech narsa topolmay chiqishi mumkin. N. I. Gendina ta'kidlagani-dek, «Bugun axborot jamiyatini «ta'lim oluvchi» jamiyat deb bejiz atalayotgani yo'q. Bunday deyishga quyidagilar asos bo'la oladi: axborot va bilimlar — jamiyatning bosh bunyodkor kuchi, yangilik, tezkorlik, jadallashuv — bugungi kunning eng tavsifli belgilari, xoh ishlab chiqarish, xoh ijtimoiy hayot bo'lsin texnolo-giyalarning yan-gilanish maromi olti–yetti yilni tashkil etmoqda; ta'lim olishning uzluksizligi va qayta tayyorlovdan o'tishga qo-dirlik — shaxsning o'z ijtimoiy maqomini saqlab qolishning ajralmas qismi; har bir insonning taqdiri o'z vaqtida, yangi axborotni qidirib topish, olish, mos ravishda qabul qilish va undan samarali foydalanishiga bog'liq».[17] Respublikada «axborot olish madaniyati», axborot-resurs markaz-larining paydo bo'lishi munosabati bilan esa «o'quv jarayonining metodik ta'minoti» tushunchalari keng ommalashib bormoqda. Mutaxassislarning bergan ta'rif va izohlariga ko'ra axborot olish madaniyati quyidagilarni o'z ichiga oladi:

---

[17] Portal Internet-obucheniya E-education.ru - http://www.e-education.ru.

- jamiyatning axborotlashuv darajasini anglash;
- shaxsda axborot olishga intilishning vujudga kelishi (shaxsning sifati);
- axborot olishga doir bilimlar, ko'nikmalar va malakalarni egallash;
- axborot vositalari manbalaridan samarali foydalanish;
- shaxs erkinligi, uning axborotlashgan jamiyatdagi xulq-atvori;
- huquqiy bilimlari.
- axborotning jamiyatda amal qilishi;

Demak, jamiyatning axborotlashuv darajasini anglash uning jadal axboratlashuvi va yagona axborot makonining yuzaga kelishi, jamiyat a'zolarining axborot oqimidagi o'zgarishlarni anglashlaridan iborat. Shaxsning ichki olamida axborot olishga intilishning paydo bo'lishini axborotlashayotgan jamiyatga monand axborot olishga qiziqish, ehtiyoj sezish ham kasbiy, ham ma'naviy ehti-yojlarni qondirishga intilish, axborot yaratish va uni uzatish, axborotni sifatli o'zlashtirish hamda undan samarali tarzda amaliy foydalanish sifatlarini namoyon etish, huquqiy savodxon bo'lish, xulq-atvor me'yorlariga amal qilish tarzida ta'riflash mumkin.

Axborot olishga doir bilim, ko'nikma va malakalarni egallash:

insonning axborotni o'zlashtirish saviyasi va undan foydala-nish sifati;

axborot olish faoliyatining sifat tavsifi (inson hayot faoliyati-ning axborot olish, uzatish, saqlash va undn foydalanish sohasidagi sifat tavsifi);

Axborot ustidagi ish turlarida:

uni olish, to'plash, kodlashtirish va unga qayta ishlov berishda, shu asosda sifat jihatdan yangi axborot yaratishda, uni uzatishda, undan amaliy foydalanishda inson, jamiyat yoki muayyan qismining kamol topganlik darajasi;

axborot manbalarini ongli ravishda tanlash va ularga qayta ishlov berish algoritmini egallash;

kutubxonachilik-bibliografik savodxonlik, mutolaa (kitob o'qish) madaniyati, axborotlashuv jarayoni nima ekanligini va uni kutubxona joylashgan tumanda, hududda amalga oshirish xusu-siyatlarini bilish;

axborotlashuv huquqiy maydonida, mualliflik huquqi muammolarida, so'z erkinligida, shaxsning axborot jihatdan xavfsizligida va hokazolarda mo'ljal ola bilish;

«kutubxonachilik-bibliografik bilimlar», «kitob o'qish mada-niyati», «axborot olish savodxonligi», ta'lim jarayonida axborotning roli muhim ekanligini anglab yetish, an'anaviy, elektron, tarmoqli va boshqa axborot-resurslaridan majmuaviy foydalanish, o'zini axborot tashuvchisi va tarqatuvchisi deb bilish, faol axborot olish;

odamning axborot jamiyatidagi xulq-atvor qoidalari majmuida namoyon bo'ladi. [18]

Axborot vositalari va manbalarini ishlatish metodlarini egallaganlik:

kompyuter savodxonligi; axborot makonida, uni shakllantirish va o'zaro axborot almashishda erkin mo'ljal ola bilish imkonini beradigan bilimlar va ko'nikmalar;

turli moddiy axborot tashuvchilar yordamida qayd etilgan subyekt–subyekt va subyekt–obyekt munosabatlarining mohiyati; zamonaviy axborot-resurslari, ayrim hujjatlar, axborot tizimidagi kutubxonalar, arxivlar, jamg'armalar, ma'lumotlar banklari tavsiya va xususiyatlarini tushunish;

---

[18] Measuring the Information Society (MIS). Executive Summary. ITU edition, 2015

turli xil axborot tashuvchilardan foydalanish imkoniyatlari, axborotni to'plash, tizimga solish, saqlash va izlashning an'anaviy va elektron vositalari afzalliklari hamda kamchiliklari haqida tasavvurga ega bo'lish; zamonaviy axborot texnologiya-laridan foydalana bilish;sun'iy intellekt tizimi bilan muloqot qilish, odam-mashina tizi-mida dialogik muloqot yuritish, telematika vositalari, global va lokal axborot-hisoblash tarmoqlaridan foydalanish, olamdagi axborot manzarasini ramzlar va belgilar, bevosita va aks axborot aloqalari tizimi sifatida anglash va o'zlashtirish, axborotlashgan jamiyatda erkin mo'ljal olish, unga moslashish qobi-liyati, maktab-da informatikani va axborot texnologiyalarini tashkiliy sur'atda o'qitish va axborot uzatishning zamonaviy elektron vositalarini o'quv-tarbiya jarayoniga olib kirish kabilarda namoyon bo'ladi.

Umumlashtirib ta'riflaganda: u zamonaviy axborot-resurslari, ayrim hujjatlar, axborot tizimidagi kutubxonalar, arxivlar, jam-g'armalar, ma'lumotlar banklarining xarakteri va xususiyatlarini tushunish; turli xil axborot tashuvchilarini ochish imkoniyatlari, axborotni to'plash, tizimga solish, saqlash va izlashning an'anaviy va elektron vositalari afzalliklari hamda kamchiliklari haqida tasavvurga ega bo'lish; zamonaviy axborot texnologiyalaridan foydalana bilishdan iboratdir.

Bugungi kunda axborot zahiralarini elektron tashuvchilarsiz tasavvur qilib boʻlmaydi. «Axborot olish madaniyati» tushunchasi tarkibiga kirgan «axborotni sifatli oʻzlashtirish hamda samarali tarzda amaliy foydalanish»ga shunchaki kerakli adabi-yotlarni oʻqish bilangina erishish mumkin emas. Axborot olish madaniyatini egallash, axborot yordamida ijtimoiylashuv uchun shaxs qanday bilim, koʻnikma va malakalarni qoʻlga kiritishi lozimligi, ularni qayerda, qaysi usullar bilan egallash mumkinligi, amaliyotda qoʻllash uchun nimalar qilish zarurligi masalasidir. [19]

Kitobxonning ijtimoiylashuvi axborot olish madaniyatining shakllanishida muhim oʻrin tutadi. V. A. Borodinaning bergan taʼrifiga koʻra, «Kutubxona — ijtimoiy institut, kutubxona xizmati esa — subyektlarni kutubxonalar tizimi orqali ijtimoiylashtirishga qaratilgan faoliyat». Boshqacha aytganda, ijtimoiy institut kitobxonni ijtimoiylashtirish uchun xizmat qiladi. Bizningcha, kitobxonning ijtimoiylashuvi — insoniyat tomonidan toʻplangan kitobxonlik tajri-basini egallash jarayoni va shu jarayonda erishilgan natijalarni oʻzlash-tirishdir. Kitobxonlikning ijtimoiylashuvi murakkab pedagogik-

---

[19] Raxmatullayev M.A. Avtomatlashtirilgan kutubxona: O'quv qollanma. — Toshkent, 2017. — 266 b.

psi-xologik hodisa bo'lib, mutolaa ko'nikmalarining shakllanishidan tashqari, uning natijasi, usuli, shaxsda axborotga nisbatan munosabatning hosil bo'lishida ham ifodalanadi. [20] Xulosa qilib aytganda, ta'lim tizimida axborot olish madaniyati bo'yicha qo'llanmalar yaratib, ta'limni boshqarish tizimlari bilan uy-g'unlashtirish talabalarga berilayotgan bilimlarning samarasini ta'minlashning yaxshi usuli bo'lib xizmat qiladi. Yana axborot olish madaniyati, ya'ni axborot savodxonligi bo'yicha mashg'ulotlar o'quv dasturiga kiritilsa, talabalarni sifatli ilmiy manbalardan foydala-nishiga, malakalari oshib borishiga katta ta'sir ko'rsatar edi.

---

[20] Begimkulov U.Sh. Pedagogik ta'limda zamonaviy axborot texnologiyalarini joriy etishning ilmiy-nazariy asoslari. Monografiya. -T.: Fan, 2007.

2.2. Maktab ta'limida axborot-resurslardan foydalanish texnologiyasi

Tanlangan mavzuning dolzarbligi maktab ta'limida axborot-resurslardan foydalanish jarayonini modernizatsiya qilish, iqtisodiyot, fan, texnika, ilm-fanda ro'y berayotgan o'zgarishlar bilan bog'liq holda ta'lim resurslaridan samarali foydalanish masalalari o'rtasidagi bog'liqlikni aniqlashda namoyon bo'ladi. Ko'pgina zamonaviy tadqiqotchilarning fikriga ko'ra, hozirgi vaqtda "bilim" omili iqtisodiy o'sish omili sifatida muhim ahamiyatga ega bo'lib, uni boshqacha - texnologiya, ilmiy-texnika taraqqiyoti, fan, axborot deb ataydi. Shuning uchun ham zamonaviy jahon taraqqiyotining o'ziga xos xususiyati jahonning rivojlangan davlatlarida axborot jamiyatining shakllanishi bo'lib, uning asosini axborot-resurslari va texnologiyalari sohasida xizmatlar ishlab chiqarish tashkil etadi. Xizmatlar ishlab chiqarishda markaziy o'rinni ta'lim xizmatlari, shaxsiy rivojlanish va yangi bilimlarni shakllantirish egallaydi. Ta'lim mamlakatning iqtisodiy o'sishi va uning iqtisodiy tizimining iqtisodiy muvozanatini ta'minlashning etakchi omili sifatida qaraladi. Ta'lim faoliyati ta'lim tashkilotlarida amalga oshiriladi va uning samaradorligi bunday tashkilotning resurslari bilan bog'liq bo'ladi.

Samarali ta'lim faoliyati har doim ob'ektiv yangi yoki sub'ektiv yangi natijaga erishishga qaratilgan va deyarli har doim byudjet taqchilligi sharoitida. Barcha resurslar, ularning sinfidan qat'i nazar, umumiy mulkka ega - ular cheklangan. Va ehtiyojlar cheksizdir. Ta'lim tashkilotining iqtisodiy hayotiga xos bo'lgan ikkita holat - cheksiz ehtiyojlar va cheklangan resurslarning bunday kombinatsiyasi resurslardan samarali foydalanish bo'yicha faoliyatning asosini tashkil qiladi. Tabiiyki, "axborot-resursi" tushunchasining mazmunini va ta'lim resurslarini samarali boshqarish muammosini faoliyatning samarali modellarini yaratish sifatida ko'rib chiqish kerak.

Hozirgi vaqtda ta'lim tizimida axborot-resurslardan foydalanish uchun qo'shimcha resurslarni (investitsiyalar, homiylik va boshqalar) jalb qilish imkoniyatlari kengaydi. Ilg'or pedagogik tajriba almashish va ulardan foydalanish tizimining ochiqligi, ijtimoiy sheriklarning o'zaro ta'siri tajribasi, bozor talabiga (xususiy ta'lim tashkilotlari) e'tibor qaratilishi, ta'lim muassasalarining o'ziga xos xususiyatlari kabi tushunchaning paydo bo'lishi. "ta'lim xizmatlari bozori". Har qanday tashkilotning faoliyati uning resurslaridan foydalanish jarayonlaridan boshlanadi. Resurs frantsuzcha so'zdan *murojaat qilish-* yordamchi vosita. Tashkiliy resurslarni tasniflashda turlicha yondashuvlar mavjud. [21]

V.S. Efremov moddiy, mehnat, moliyaviy, axborot resurslari, ishlab chiqarish va boshqaruv texnologiyalari, shuningdek, moddiy, nomoddiy va intellektual kapitalni ajratadi. Katta iqtisodiy lug'atda resurslarning asosiy guruhlari sifatida odamlar (inson resurslari), kapital, materiallar, texnologiya va axborot ajratilgan. [22]

Yuqoridagi tasniflardan ko'rinib turibdiki, ular orasidagi farqlar asosiy emas va faqat tasniflash xususiyatini tanlashning jiddiyligi va parchalanish chuqurligi bilan bog'liq. Har qanday ta'lim jarayonining resurslari besh guruhga bo'linadi:

---

[21] Information and communication technologies in education: UNESCO Institute for information technologies in education - M. : ИТО YUNESKO, 2013.

[22] X.X.Muratov, Sh.A.Yusupova. Umumiy o'rta ta'lim maktablarida dars mashg'ulotlarini autoplay media studio dasturi orqali integratsiyalash. Academic Research in Educational Sciences . Volume 1 | Issue 3 | 2020.

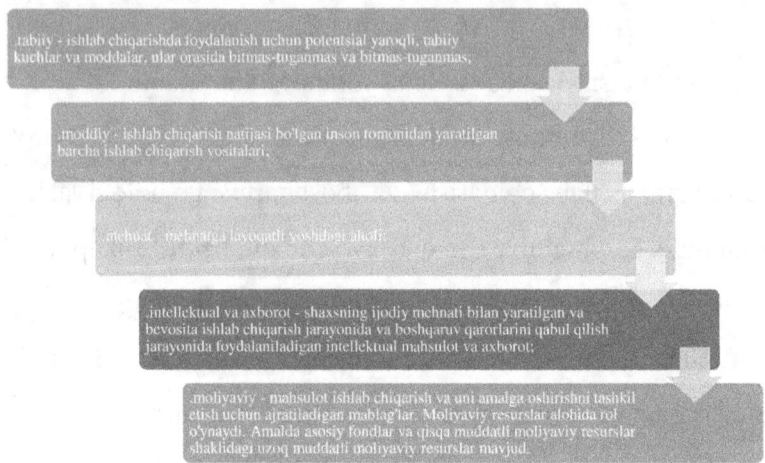

Maktab ta'lim faoliyati uchun zarur bo'lgan asosiy resurslarga quyidagilar kiradi:

muhandislik va pedagogik, ma'muriy va yordamchi xodimlar (inson resurslari)

Ularni shaxsning ijodiy energiya zahiralari sifatida aniqlash mumkin. Ular bitmas-tuganmas va ularning zahiralari atom yadrosi bilan taqqoslanishi bejiz emas. P.Druker o'z davrida ta'kidlaganidek: *"Faqat inson resurslari iqtisodiy natijalar berishi mumkin. Boshqa barcha resurslar mexanika qonunlariga bo'ysunadi. Ulardan yaxshiroq foydalanish mumkin, lekin ularning chiqishi hech qachon kirishlar yig'indisidan katta bo'lmaydi....* Bugungi kunda tashkilotning iqtisodiy muvaffaqiyatini mushak kuchi emas, balki faqat bilim, aql-zakovat belgilaydi. Boshqa turdagi resurslarning ahamiyatini inkor etmasdan, ushbu dissertatsiya ma'lum ma'lumotlarga ega bo'lgan va uni o'zgartirish uchun ma'lum qobiliyatga ega bo'lgan odamlar asosiy manba ekanligini ta'kidlaydi, ulardan to'g'ri foydalanish har qanday funktsional sohada muhim ma'lumotlar bilan birgalikda yuqori natijalarga erishishga imkon beradi. boshqa turdagi resurslarni tejash;

ta'lim resurslari(er, binolar, binolar, mexanizmlar, uskunalar, transport, aloqa, o'quv dasturlari, o'quv va ko'rgazmali qurollar va boshqalar). [23] Moddiy resurslar ko'pgina mualliflar tomonidan mehnat ob'ektlari sifatida belgilanadi. Moddiy xarakterdagi resurslar: ham mehnat predmetlari, ham mehnat vositalari. Zamonaviy ta'limda ushbu resurslarning roli juda katta, chunki moddiy bazasiz u samarali faoliyat ko'rsata olmaydi. Moddiy resurslardan foydalanishning sifati va miqdori boshqa turdagi resurslardan, birinchi navbatda, moliyaviy va insoniy resurslardan foydalanish bilan chambarchas bog'liq. Masalan, etarli miqdordagi moliyaviy resurslarning mavjudligi rahbariyatni texnik qayta jihozlashga undashi mumkin, ammo shu bilan birga, korxonalardan farqli o'laroq, ta'lim

---

[23] http://www.google.co.uz/search?q=Pol+Otle&hl=ru&client
http://ru.wikipedia.org/wiki/Библиотечнобиблиографическая_классиф икация

tashkilotida bu xodimlarning qisqarishiga olib kelmaydi, balki o'qitishni sifat jihatidan o'zgartiradi. . Shu bilan birga, yuqori malakali kadrlarning mavjudligi moddiy resurslarni tejash uchun old shart-sharoitlarni yaratadi. Masalan, zamonaviy o'qituvchi o'quv jarayonida nafaqat taqdimotlardan foydalanadi va AKT texnologiyalari bilan butun hujjat aylanishiga hamroh bo'ladi, balki tarmoq texnologiyalaridan foydalangan holda qog'ozni ham tejaydi. So'nggi paytlarda korxonalar uchun moddiy resurslarning ayrim turlarini tashkil etuvchi energiya va texnologik resurslar alohida ahamiyatga ega bo'ldi. Energiya resurslarining ahamiyati (barcha turdagi energiya tashuvchilar - elektr energiyasi, bug ', gaz va boshqalar) ular uchun xarajatlar ulushining keskin oshishi bilan bog'liq. Bu energiya tashuvchini tanlashga va undan tejamkorroq foydalanishga ehtiyotkorlik bilan yondashishni talab qildi.

moliyaviy resurslar(o'z va qarz mablag'lari, investitsiyalar va boshqalar) umuman olganda, moliyaning harakati, ularni quyi tizimlar va funktsional sohalar o'rtasida taqsimlash, investitsiya loyihalarini moliyalashtirish, etkazib beruvchilar va iste'molchilar bilan hisob-kitoblar, pul mablag'larini shakllantirish va boshqalar kundalik boshqaruv vazifasidir. Moliyaviy resurslarning xususiyati ularning mutlaq likvidligidir. Shuning uchun ular boshqa turdagi resurslarning, ayniqsa moddiy va insoniy resurslarning etishmasligini qoplashga qodir;

Axborot-pedagogik texnologiyalar (o'qitish texnologiyalari, o'quv jarayoni sub'ektlari ma'lumotlari bilan ishlash texnologiyalari, o'quv jarayoni sub'ektlarining salohiyatini yangilash texnologiyalari, ekspert baholash texnologiyalari) Axborot resurslari ma'lumotlar va bilimlar to'plamidir. Har bir funktsional soha ma'lum axborot resurslarining mavjudligini nazarda tutadi. Masalan, o'qitish tashqi muhit (ish beruvchilar, iste'molchilar, hamkorlar, raqobatchilar), ishlab chiqarish - yangi texnologiyalar va nou-xau haqida ma'lumot va boshqalar haqida iloji boricha to'liq va ishonchli ma'lumotlarga ega bo'lishi kerak. Butun tashkilotning boshqaruv tizimining samaradorligi yig'ish, to'plash, saqlash, qidirish, uzatish jarayonlarini tashkil etish darajasiga va axborotni qayta ishlash usullariga bog'liq. Zamonaviy iqtisodiyot va menejment axborot qiymatining keskin oshishi bilan tavsiflanadi, bu nafaqat ta'lim tashkilotida boshqaruv muvaffaqiyatining asosiy omiliga aylanib bormoqda.

Har qanday ta'lim jarayonining tashqi muhitga nisbatan resurslarini quyidagilarga bo'lish mumkin:

aniq (yaxshi obro', uzoq tarix, an'ana);

yashirin (moddiy-texnika bazasi, professor-o'qituvchilar tarkibi, moliya, me'yoriy ta'minot).

Umuman olganda, resurslar to'rt komponent bilan tavsiflanadi:

Ta'lim tashkilotining tabiati;

Uning hayot aylanish bosqichi;

Moslashish imkoniyati;

Aniq resurslar va sotiladigan aktivlar. [24]

Ta'lim tashkilotining resurslari - bu ta'lim jarayonida bevosita ishtirok etadigan barcha narsalar: ta'limning mehnat resurslari, axborot resurslari (darsliklar, o'quv qo'llanmalari, kompyuter dasturlari va boshqa o'quv qo'llanmalari), pedagogik texnologiyalar va nou-xau, kapital resurslari (binolarning mavjudligi. tayyorlash, ta'minlash uchun , darsliklar, kompyuterlar va boshqalar) Shunga ko'ra, resurslar zamonaviy talablarga javob berishi, jamiyatning texnik va texnologik rivojlanish darajasi, ularning ta'lim jarayoni

---

[24] Botir Boltabaevich Baymetov, Khusan Kholmuratovich Muratov. Self Sketches as a Tool in the Professional Training of a Future Artist-Teacher. Solid State Technology. 2020/2/29. Vol. 63 № 2 (2020). 224-231.

sifatiga ta'sir ko'rsatish qobiliyatidan dalolat beradi. Ta'lim natijasini asosan resurslar va ularning sifat xususiyatlari belgilaydi[25]

2.3.Ta'lim resurslarining o'zaro bog'liqligi va mutanosibligi, natijaviy tamoyillar

Tarkibi va mutanosiblik qonuniga muvofiq, har bir ta'lim tashkiloti tizim sifatida qaralganda, o'z tarkibida barcha resurslarni ma'lum tarkibga (korrelyatsiya va mutanosiblik) kiritishga intiladi.

Resurslar bir-biriga bog'langan. Masalan, bilim kabi resurs tabiiy resurslar yangi bilimlar (ilmiy yutuqlar) asosida yanada oqilona iste'mol qilishga moyil bo'lganda foydalaniladi. Bilim mehnat kabi resursning muhim elementi bo'lib, u sifat jihatidan baholanadi va ishchilarning malakasiga e'tibor qaratiladi, bu birinchi navbatda ular olgan ta'limga (bilimga) bog'liqdir. Bilim (birinchi navbatda texnologik) uskunadan foydalanish darajasini oshirishni ta'minlaydi, ya'ni. haqiqiy kapital. Nihoyat, boshqaruv bilimlari ta'lim tashkilotlari rahbarlariga

---

[25] Begimkulov U.Sh. Pedagogik ta'limda zamonaviy axborot texnologiyalarini joriy etishning ilmiy-nazariy asoslari. Monografiya. -T.: Fan, 2007.

mahsulot va xizmatlar ishlab chiqarishni eng oqilona va samarali tashkil etish imkonini beradi. Tarkibi va mutanosiblik qonunidan bir qator tamoyillar kelib chiqadi: rejalashtirish, muvofiqlashtirish, muvofiqlashtirish, to'liqlik.

Rejalashtirish printsipi... Har bir tashkilot o'z resurslaridan foydalanishni, faoliyatini va rivojlanishini rejalashtirishi kerak. Rejasiz harakatlar ma'nosizdir. Rejalashtirishning uch bosqichi mavjud:

strategik yoki istiqbolli (3-5 yil va undan ortiq muddatga);

taktik yoki joriy (1-2 yil davomida);

operativ (chorak, oy, hafta, kun uchun). [26]

Muvofiqlashtirish printsipi... Har bir tashkilot o'z resurslari ishini doimiy ravishda muvofiqlashtirishi va o'z ishining to'plami va tartibiga zarur tuzatishlar kiritishi kerak. Tuzatishlar nafaqat rejalar muvaffaqiyatsizlikka uchraganidan keyin, balki tashkilot ishidagi kichik buzilishlardan keyin ham amalga oshirilishi kerak.

*Kelishuv tamoyili.*Tashkilotning resurslari bir-biriga mos kelishi va birgalikda ishlashi kerak. Resurslarning

---

[26] Begimkulov U.Sh. Pedagogik ta'limda zamonaviy axborot texnologiyalarini joriy etishning ilmiy-nazariy asoslari. Monografiya. -T.: Fan, 2007.

birgalikdagi ishi sinergiya yoki paydo bo'lish ta'siriga olib kelishi kerak. [27]

To'liqlik printsipi... Har qanday tashkilot resurslarning mavjudligi va holatidan qat'i nazar, o'ziga yuklangan funktsiyalarning to'liq to'plamini bajarishi kerak. Tashkilotda moddiy va moliyaviy resurslar yetarli bo'lmasa - ularni topish, sotib olish, qarz olish, mutaxassislar etishmasa - tashqaridan jalb qilish kerak, lekin tashkilot ishlashi va o'z missiyasini bajarishi kerak. [28]

Har bir resurs ba'zi bir potentsialga ega (lot. Potential - kuchdan), ya'ni. imkoniyatlarning mavjudligi, ba'zi ishlarni bajarish yoki tashkilot ishida ishtirok etish. Jami va o'zaro ta'sirdagi resurslar tashkilotning umumiy resurs salohiyatini - uning samarali ishlash qobiliyatini tashkil qiladi. Etarli resurs salohiyatining mavjudligi ta'lim tashkiloti ishi uchun zaruriy shartdir. Menejmentning vazifasi tashkilotning potentsialidan samarali foydalanish va tashkilot yaratilgan maqsadlarga erishish uchun o'zgartirilishini ta'minlashdir.

---

[27] Novak, P. The Growing Digital Divide: Implications for an Open Research Agenda. Understanding the Digital Economy: Data, Tools and Research. Ed. B. Kahin and E. Brynjolffson. Cambridge, MA: The MIT Press., 2000.
[28] Nasirova Sh.N., Maxmudova M.A. "Improving the quality of education in systems thinking IV Международной открытой конференции" «Современные проблемы анализа динамических систем. Приложения в технике и технологиях», Воронеж, 23-25 май, 2019, 277-279 bet.

Hozirgi vaqtda quyidagi potentsiallar alohida ahamiyatga ega: Jamiyatning (davlatning) ma'naviy salohiyati, u umumiy madaniyat darajasini, xalqlarning ijodiy fazilatlarini (mehnatsevarlik, matonat, ilg'or an'ana va urf-odatlarga sodiqlik, xalqlarga o'zaro hurmat, irqiy va diniy bag'rikenglik, qonunlarga itoatkorlik) kiradi. , va boshqalar.). Bu salohiyat odamlarning jismoniy va ruhiy salomatligi bilan belgilanadi.

Davlatning ma'naviy salohiyatining bir qismi bo'lgan va aholining umumiy ta'lim madaniyati darajasi, kadrlarning kasbiy tayyorgarligi, xalqning ilg'or tarixiy an'analari, iqtisodiy faoliyatning belgilangan sohalari, davlatlararo munosabatlar va boshqalar bilan belgilanadigan intellektual salohiyat. . Intellektual potentsialning muhim elementi - bu kadrlar tayyorlash va malakasini oshirish tizimi.

Ma'naviy salohiyatning ajralmas qismi ilmiy-texnikaviy salohiyat bo'lib, u nafaqat fan va texnikaning rivojlanish darajasi, balki olimlar, muhandislar, ishchilar va boshqalarning kasbiy va malakaviy tarkibi bilan ham tavsiflanadi. Axborot potentsiali - ijtimoiy foydali faoliyatning barcha sohalarida samarali foydalanish va jahon intellektual salohiyati tizimiga kiritish uchun mos keladigan tizimlashtirilgan va tasniflangan ma'lumotlar.

Demografik salohiyat - inson resurslarining istiqbolli yangilanish darajasini tavsiflovchi potentsial. Pedagogik kadrlarning bosqichma-bosqich eskirish jarayoni kuzatilmoqda, kollej misolida professor-oʻqituvchilarning oʻrtacha yoshi 57 yoshni tashkil etadi. Kelajakda, ya'ni 10 yil ichida bu jarayon oʻzgarmasa, inson resurslaridan foydalanish samaradorligi keskin pasayadi.

Ekologik salohiyat - tabiiy (ekologik) tizimlarning saqlanish darajasini, suv muhiti, havo havzasi, tuproq qoplamining musaffoligini tavsiflovchi salohiyat. Ekologik salohiyati past boʻlgan muhitda qishloq xoʻjaligi va sanoat ishlab chiqarishini samarali tashkil etish va rivojlantirish, aholini ekologik toza oziq-ovqat, suv, havo bilan ta'minlash va buning natijasida aholi salomatligini yuqori darajada saqlash va saqlash mumkin emas. uning faol uzoq umr ko'rishi. Ijtimoiy-iqtisodiy salohiyat - turli darajadagi (viloyat, shahar, tuman, shuningdek, ma'lum bir OO uchun tarkibiy) ta'lim dasturlari, loyihalari, innovatsiyalarini moliyalashtirish yoki birgalikda moliyalashtirish imkoniyatini tavsiflaydi. Vakolatli ta'lim tuzilmalari mablag'larni hududlar, alohida quyi tizimlar va muassasalar, faoliyat turlari, lavozimlari o'rtasida taqsimlaydi. Masalan, avvallari talabalarga, ularning oilalariga, homiylarga moddiy yordam ko'rsatilardi, erlar obodonlashtirildi, dam olishlari tashkillashtirildi va hokazo.

Ta'lim resurslaridan nima, qanday va kim uchun foydalanishni tanlashning hal qiluvchi ahamiyati bu resurslardan eng samarali foydalanishdir. Bu shuni anglatadiki, tashkilotning mavjud resurslari, mavjud texnologiya va professor-o'qituvchilarning bilim saviyasi bilan yanada ko'proq yosh mutaxassislarni, masalan, qurilish sohasi mutaxassislarini o'qitish va tarbiyalashning iloji yo'q. gaz sanoati sohasida bir qator mutaxassislarni tayyorlash va o'qitish imkoniyati. Har qanday miqdordagi quruvchilarni ishlab chiqarish uchun tark etilishi kerak bo'lgan gaz ishchilarining soni imkoniyat qiymati deb ataladi. Mutaxassisning qo'shimcha birligini olish uchun qurbon qilinishi kerak bo'lgan ishlab chiqarish vositalarining narxi oshadi.

Shunday qilib, ta'lim tashkilotining pedagoglar jamoasi undan maksimal darajada foydalanish va uning ehtiyojlarini qondirish uchun resurslardan samaraliroq foydalanishni tanlashi kerak.

Tashkilot o'z maqsadlariga erishish uchun tashqi muhitdan olingan resurslarning xarajatlari zarur. Tashqi muhitdan olingan resurslar: kadrlar (talabalar), kadrlar (kasbiy ta'lim muassasalari bitiruvchilari), ijtimoiy sheriklar. Tashkilotning resurslari - bu tashkilotning asosiy maqsadlariga erishish uchun barqaror ishlashini ta'minlaydigan naqd pul yoki zarur mablag'lar, imkoniyatlar, qadriyatlar, zaxiralar. [29]

Samarali ta'lim olishning asosiy manbai pedagogik kadrlardir. Ularni tayyorlash sifati, ularning mehnatini rag'batlantirishning to'g'ri tanlangan tizimi (nafaqat moddiy), mehnat sharoitlari, obro'si, raqobatbardoshligi, o'zini o'zi anglash istagi. Pedagogik jamoaning kasbiy faoliyatining samaradorligi uning a'zolarining pedagogik madaniyati darajasi, shaxslararo munosabatlarning tabiati, jamoaviy va individual javobgarlikni tushunish, tashkilotchilik, hamkorlik darajasi bilan belgilanadi.

Ta'lim sifati samaradorligini belgilovchi omillar:

.oʻquv dasturlari, metodlari, oʻquv qoʻllanmalarining sifati;

.ta'lim tashkilotining tuzilmasi;

.tashkilotdagi ta'lim modellari;

---

[29] Nasirova Sh.N., Maxmudova M.A. "Improving the quality of education in systems thinking IV Международной открытой конференции" «Современные проблемы анализа динамических систем. Приложения в технике и технологиях», Воронеж, 23-25 май, 2019, 277-279 bet.

.o'z-o'zini rivojlantirish mexanizmining mavjudligi;
.ilmiy asos;
.usullari va malakali boshqaruv mutaxassislari.

Ta'lim tashkilotining resurslaridan samarali foydalanishni amaliy amalga oshirish uchun bir qator omillarni hisobga olish kerak. Faoliyatni tartibga solish (ta'lim faoliyati doirasidagi xatti-harakatlarning aniq qoidalarini o'rnatish). Pedagogik xodimlar uchun bu, birinchi navbatda, ta'lim dasturlarini amalga oshirish texnologiyalari.

Ba'zida kompaniya tomonidan qabul qilingan me'yoriy hujjatlar (jarayon reglamentlari, bo'limlar to'g'risidagi nizomlar, lavozim tavsiflari) samarasiz bo'ladi. Buning sabablari faoliyatni tartibga solish tizimi va, xususan, ta'lim dasturlari tizimli emasligidir. Ko'pgina qoidalar eskirgan va ahamiyatsiz bo'lib qoladi va ba'zi jarayonlar haddan tashqari tartibga solinadi va kerakli o'zgarishlarni kechiktiradi. Shuning uchun ham faoliyatni tartibga solish tizimini yaratish va buni jarayonli yondashuv asosida eng samarali amalga oshirish zarur. Agar biz jarayonlarni rasmiylashtirsak va jarayonni tartibga solishni yaratish orqali jarayonni amalga oshirish uchun javobgarlik chegaralarini belgilasak, u holda jarayonning samaradorligini oshirish mumkin. [30]

Pedagogik faoliyatning sub'ektlari - pedagogik xodimlar, ota-onalar, vasiylar va ularning o'rnini bosuvchi shaxslar, ta'lim va tarbiya funktsiyalarini bajaradilar. Subyektlar faoliyatini tartibga solish uchun odatda tashkiliy hujjatlar qo'llaniladi: o'quv va ta'lim dasturlari, lavozim tavsiflari, bo'linmalar to'g'risidagi nizomlar, OOni rivojlantirish dasturlari.

O'quv rejasi - kompetentsiyalarning mazmuni va rivojlanish darajasini aks ettiruvchi rasmiy tasdiqlangan va har xil turdagi ta'lim muassasalarida amalga oshiriladigan hujjatlar. An'analar norasmiy va, qoida tariqasida, qat'iy emas, lekin aniq kuzatilgan xatti-harakatlar modellari bo'lib, ularga rioya qilish tashkilot xodimlari tomonidan nazorat qilinadi va ularning buzilishi qoralanadi. Tashkilotning me'yorlarni saqlash, tarqatish va bajarilishini nazorat qilishda eng faol ishtirok etadigan xodimlari uning rahbarlariga (rasmiy yoki norasmiy) aylanadi. Faoliyat jarayonlarini tashkil etish - bu faoliyatning bir qismi bo'lib, uning

---

[30] Novak, P. The Growing Digital Divide: Implications for an Open Research Agenda. Understanding the Digital Economy: Data, Tools and Research. Ed. B. Kahin and E. Brynjolffson. Cambridge, MA: The MIT Press., 2020.

jarayonida sub'ektlar resurslardan foydalangan holda ta'lim jarayonini tashkil qiladi. Jarayonlar faoliyatini tartibga solish uchun normativ hujjatlar (faoliyat yo'nalishi to'g'risidagi qoidalar, dasturlar, uslubiy tavsiyalar va boshqalar) qo'llaniladi. Texnik xodimlar uchun texnologik yo'riqnoma - tashkiliy tartib-qoidalarni amalga oshirish uchun talablarni belgilaydigan ko'rsatma. Ko'rsatmalarda, ishchi reglamentga qaraganda, talab qilinadigan natijani olish uchun ijrochi bajarishi kerak bo'lgan harakatlarni bajarish usullari (bajarish texnologiyasi) chuqurroq ochib berilgan. Masalan, harakatlarda ijrochi imtihon varaqasini, baho kitobini va hokazolarni to'ldirishi va texnologik ko'rsatmalarda uni qanday to'ldirish kerakligi (qanday ma'lumotlarni va qanday ketma-ketlikda ma'lum maydonlarga kiritish kerakligi) ko'rsatilgan. shakldan). [31]

    Ta'lim muassasasining axborot muhiti eng xilma-xil ma'lumotlarni ishonchli saqlashsiz mavjud bo'lmaydi. Ta'lim muassasalaridagi bunday ombor maktab miqyosidagi server yoki server stantsiyasi bo'lib, u o'quv muassasasining barcha axborot resurslarini saqlaydigan bir nechta ixtisoslashtirilgan serverlarni o'z ichiga oladi.

---

[31] Носирова Ш.Н., Махмудова М.А. "Компьютер дастурлари воситасида укувчиларнинг билим эгаллашга кизикдшларини ривожлантириш" "Мугаллим хем узлуксиз билимлендириу" Илмий-методикальщ журнал №5 2019 жыл. Нукус - 2019, 25-27 бет

Ta'lim muassasasining yagona axborot muhiti shunday tuzilishi kerakki, ta'lim jarayonining barcha sub'ektlari o'zlariga kerakli ma'lumotlarni tezda olishlari mumkin. Bundan tashqari, axborot tuzilishi va turli darajadagi kirish darajasiga ega bo'lishi kerak, ham Intranet, ham Internet orqali. Buning uchun ta'lim muassasasining axborot resurslarini maktab ichidagi faoliyat turlariga ko'ra beshta blokga bo'lish mumkin. Ushbu struktura diagrammada ko'rsatilgan.

O'quv va ta'lim faoliyati bo'yicha axborot resurslari axborot mazmuni bo'yicha eng ko'p vakillik va hajmli hisoblanadi (maktab ta'lim yo'nalishlari uchun elektron o'quv materiallari: uzluksiz o'rta ta'limning boshlang'ich, asosiy va o'rta bosqichlari, shuningdek, ixtiyoriy fanlar, ixtiyoriy fanlar mavjud). Bu resurslar ta'lim jarayonini tashkil etishning axborot modeliga asoslangan faol o'z-o'zini ta'lim usullarini amalga oshirishga qaratilgan. Ushbu blok (asosan) umumiy ma'lumotlarni o'z ichiga oladi.

Madaniy-ma'rifiy tadbirlar bo'yicha axborot resurslari talabalarning axborot, ekologik va ekran madaniyatini, ijodiy faolligini, yuksak axloqiy va bag'rikenglikni shakllantirishga hissa qo'shishga qaratilgan. Uslubiy jihatdan ushbu blok ijtimoiy informatika idorasi ishiga asoslanadi va ushbu ma'lumotlarga kirish cheklanmagan.

Maktab o'qituvchilarining axborot-metodik faoliyati uchun manbalar maktabda ijodiy pedagogikani rivojlantirishga qaratilgan. Ushbu blokning vazifalariga elektron darsliklar yaratish, kompyuter dasturlarini ishlab chiqish, telekonferentsiya, dastur va uslubiy fondni shakllantirish kiradi. Ushbu blokga kiritilgan resurslarga kirish cheklangan.

Ilmiy va ishlab chiqarish faoliyati to'g'risidagi axborot resurslari maktab ilmiy jamiyati faoliyatiga asoslanadi va o'quvchilarning axborot jamiyatida yashash va ishlash uchun zarur bo'lgan kasbiy ko'nikmalarni egallashi uchun javobgardir. Bu blokda elektron kutubxona bilan ta'minlash, media kutubxonani shakllantirish, nashr qilish, ma'muriy tizimni yuritish, internet tarmog'ida ishlash kabilar bo'lishi kerak.

Ma'muriy-xo'jalik faoliyati uchun axborot resurslari turli direktiv hujjatlarni shakllantirish va takrorlashni ta'minlash, o'quv jarayonini avtomatlashtirilgan rejalashtirish, sinf jurnallari bilan ishlash, tahlil qilish va o'quvchilar salomatligini ta'minlash, psixologik-pedagogik diagnostika va boshqalar. [32]

Axborot-resurs o'z ichiga quyidagi asosiy xususiyatlarni olishi mumkin:

asosiy ta'lim;

maxsus ta'lim;

tarbiyaviy ish;

oila va maktab;

tadqiqot va monitoring.

Ta'lim tizimining resurslari - bu ta'lim jarayonida bevosita ishtirok etadigan barcha narsalar: ta'limning mehnat resurslari, axborot resurslari (darsliklar, o'quv qo'llanmalari, kompyuter dasturlari va boshqa o'quv qo'llanmalari), pedagogik texnologiyalar va nou-xau, kapital resurslar (binolarning mavjudligi. tayyorlash, ta'minlash, darsliklar, kompyuterlar va boshqalar uchun) bu resurslarning zamonaviy talablarga qanchalik javob berishi, jamiyatning texnik va

---

[32] Begimkulov U.Sh. Pedagogik ta'limda zamonaviy axborot texnologiyalarini joriy etishning ilmiy-nazariy asoslari. Monografiya. -T.: Fan, 2007.

texnologik rivojlanish darajasi, ularning ta'lim jarayoni sifatiga ta'sir ko'rsatish qobiliyati haqida gapiradi. Ta'lim natijasini asosan resurslar va ularning sifat xususiyatlari belgilaydi. Ta'lim muassasalari faoliyatini mamlakatning iqtisodiy sharoitlariga moslashtirish jarayonida ta'lim muassasalarini moliyalashtirishni takomillashtirishning quyidagi asosiy yo'nalishlarini ajratib ko'rsatish mumkin: [33]

Birinchidan, bozor munosabatlariga o'tish ta'lim muassasalarining ta'lim jarayonini ta'minlash uchun byudjetdan tashqari manbalarni jalb qilish imkoniyatlarini kengaytirdi. Binobarin, ta'lim muassasalari tomonidan tegishli byudjet mablag'lari mavjud bo'lmagan taqdirda, ular tomonidan ishlab chiqarilgan mablag'lar to'liq hajmda o'z ixtiyorida qolishi va ushbu mablag'lardan foydalanish yo'nalishlarini belgilashda katta mustaqillikni ta'minlashi uchun shunday shart-sharoitlar yaratish va

---

[33] Muratov Khusan Kholmuratovich; Abdulkhamidov Sardor Mardanaqulovich; Jabbarov Rustam Ravshanovich; Khudaynazarova Ugiloy Sharifovna and Baymurzayeva Oykaram Shodiyevna. Methodology of Improving Independent Learning Skills of Future Fine Art Teachers (On the Example of Still Life in Colorful Paintings). International Journal of Psychosocial Rehabilitation ISSN:1475-7192. March 2020. Volume 24 - Issue 5. -pp. 2043-2048.

ta'minlash zarur; Ikkinchidan, ta'lim muassasalarini standartlar asosida turli darajadagi byudjetlar hisobidan moliyalashtirish imkoniyatini ta'minlash. Ta'lim muassasalarini me'yoriy moliyalashtirish "normativ (aholi jon boshiga) prinsip"ga asoslanadi. Ushbu standart asosan joriy xarajatlarni o'z ichiga olishi kerak: ish haqi, ta'lim va ma'muriy xarajatlar, o'quv xarajatlari, jihozlarga texnik xizmat ko'rsatish va ta'mirlash. Shunday qilib, ta'lim muassasalarini maqsadli moliyalashtirish saqlanib qoldi.

Uchinchidan, ta'lim muassasasi xarajatlarini kamaytirish, resurslarni tejashga erishish kerak. Ta'lim muassasasidagi xo'jalik ishlari rejasi davlat mablag'laridan oqilona va tejamkorlik bilan foydalanish, xo'jalik ichidagi zaxiralarni safarbar etish, noishlab chiqarish xarajatlari va yo'qotishlarni kamaytirish, moliyaviy intizomni yaxshilash, nazoratni kuchaytirish bo'yicha tashkiliy-amaliy chora-tadbirlar majmuini o'z ichiga oladi. moliyaviy va moddiy-texnika resurslarining xavfsizligi ustidan. Bular o'quv jarayonini tashkil etishning iqtisodiy shakllari, o'quv jarayoniga boshqa tashkilotlarning resurslarini jalb qilish, qimmat amaliy mashg'ulotlarni almashtirish bo'lishi mumkin;

Shunday qilib, ta'lim muassasasini moliyalashtirishning umumiy oqimi davlat buyurtmalari, hududiy buyurtmalar, korxonalar va jismoniy shaxslarning buyurtmalari, ilmiy faoliyatdan olingan daromadlar, mulkdan foydalanishdan olingan daromadlarni o'z ichiga olishi kerak.

Ishlab chiqarish-ijtimoiy rivojlanish jamg'armasiga, shuningdek, ortiqcha, eskirgan va eskirgan asbob-uskunalar va boshqa moddiy boyliklarni sotishdan tushgan mablag'lar, ishlab chiqarish va ijtimoiy rivojlanish maqsadlari uchun boshqa korxona va tashkilotlar tomonidan muassasaga berilgan mablag'lar kiradi. Moddiy va ekvivalent xarajatlarga pul tejash, uchinchi tomon tashkilotlari bilan hisob-kitoblar va kredit bo'yicha foizlar.

Moddiy resurslardan foydalanish samaradorligini oshirish maqsadida xalq ta'limi muassasalariga boshqa korxona, tashkilot va muassasalarga sotish, berish, ayirboshlash, ijaraga berish, vaqtincha foydalanishga bepul berish yoki transport buyurtmalarini kreditga berish huquqi berildi. ularning balansi, agar ular eskirgan yoki eskirgan bo'lsa.

Xo'jalik faoliyatida o'quv-ishlab chiqarish ustaxonalari yoki o'quv xo'jaliklariga ega bo'lgan xalq ta'limi muassasalari yagona o'quv-ishlab chiqarish-kompleks sifatida faoliyat ko'rsatishi yoki o'z ishlab chiqarish bo'linmalari ishini mustaqil xo'jalik birliklari sifatida tashkil etishi mumkin. Ikkinchi holda, har bir ajratilgan tarkibiy bo'linma, bo'linma, masalan, maktab o'quv-ishlab chiqarish ustaxonalari mustaqil tashkilot huquqlarini oladi.

Maktab ta'limi muassasalarini boshqarishning yangi sharoitida o'quv jarayonini boshqarishning tashkiliy shakllari va usullarini takomillashtirish, rag'batlantiruvchi o'quv jarayonini kuchaytirish, iqtisodiy omillarning ushbu jarayon samaradorligiga rag'batlantiruvchi ta'sirini oshirish maqsadida ta'lim muassasalarini tashkil etishga ruxsat etiladi. ishlab chiqarish firmalari esa tarmoq va tarmoqlararo, hududiy va mintaqalararo asosda, uyushma va mustaqil faoliyatning boshqa oqilona shakllari.

Zamonaviy bozor iqtisodiyoti sharoitida ta'limning yuqori sifati Rossiya jamiyatini muvaffaqiyatli o'zgartirish jarayonining dalillaridan biridir. Ta'lim sifati ta'lim tizimi faoliyatining yakuniy natijasi sifatida, bir tomondan, ishchilarning malaka darajasini, ularning moslashish qobiliyatini, harakatchanligini, kasbiy yaroqliligini, moddiy bazani yaxshilash uchun zarur bo'lgan funktsional savodxonligini belgilaydi. Boshqa tomondan, bu fuqarolarning ma'naviy tuzilishini yaxshilashga qodir bo'lgan umuminsoniy qadriyatlar tizimini rivojlantirish uchun asosdir.

Zamonaviy iqtisodiyot sharoitida ta'lim quyidagilardan iborat:

· ko'plab iqtisodiy, ijtimoiy, mafkuraviy va madaniy omillar bilan belgilanadigan barcha arxitekturaga ega ijtimoiy-iqtisodiy tashkilot;

· Bir-biriga bog'liq elementlarni o'z ichiga olgan tizim, ularning harakatlari yagona ijtimoiy maqsadga bo'ysunadi. Ta'lim tizimining hech bir elementi o'z-o'zidan harakat qila olmaydi va ularning har biri boshqalarga eng xilma-xil ta'sir ko'rsatadi.

Ta'lim sifati - ta'limni baholashning asosiy mezoni. Ta'lim sifati uning iste'molchisi tomonidan baholanadi. Jamiyat pirovardida ta'limning asosiy iste'molchisi hisoblanadi. [34]

Ta'lim sifatini iste'molchi tomonidan baholanadigan o'quv mahsulotining iste'mol xususiyatlarining yig'indisi

---

[34] X.X.Muratov, Sh.A.Yusupova. Umumiy o'rta ta'lim maktablarida dars mashg'ulotlarini autoplay media studio dasturi orqali integratsiyalash. Academic Research in Educational Sciences . Volume 1 | Issue 3 | 2020.

sifatida va uning arxitekturasi, maqsadlari, vazifalari va turli xil elementlarning sifati bilan belgilanadigan ta'lim tizimining sifatini farqlash kerak. Demak, ta'lim sifati tizimning "ichida" mavjud bo'lgan narsa emas, balki u ishlab chiqaradigan narsadir. Ishlab chiqarish jarayonlarini ta'minlash uchun turli xil resurslar (potentsiallar) talab qilinadi: moddiy-texnik, mehnat, moliyaviy va boshqalar. Hozirgi vaqtda quyidagi potentsiallar alohida ahamiyat kasb etmoqda:

Ma'naviy salohiyat

Intellektual salohiyat

Ilmiy-texnik salohiyat

Axborot salohiyati

Ekologik salohiyat

Har qanday ta'lim muassasasining resurslarini aniq (yaxshi obro' va uzoq tarix, an'ana) va yashirin (moddiy-texnika bazasi, professor-o'qituvchilar tarkibi, moliya, me'yoriy ta'minot) ajratish mumkin. Resurslar to'rt komponent bilan tavsiflanadi: muassasaning tabiati, uning hayot aylanish bosqichi, moslashish potentsiali, aniq resurslar va sotiladigan aktivlar.

Ta'lim sifatini boshqarish ta'lim tizimining barcha elementlariga samarali ta'sir ko'rsatish mexanizmlarini to'g'ri tanlash va amalga oshirishni anglatadi, ya'ni bevosita yoki bilvosita ta'lim natijalarini ta'minlaydi. Menejment yuqori sifatli bo'lishi uchun doimiy nazorat bo'lishi kerak. Ta'lim muassasalarini boshqarish - bu maktab jamoasining optimal ishlashini ta'minlash uchun rejali, tashkil etilgan, ilmiy asoslangan, tizimli ta'sir ko'rsatishdir. [35]

Ta'lim muassasasi o'z ta'lim faoliyatini amalga oshirish uchun resurslarga muhtoj. "Resurs" atamasi fransuzcha resurs – "yordamchi vositalar"ga asoslangan bo'lib, "pul, qadriyatlar, zahiralar, imkoniyatlar, mablag' manbalari, daromadlar (masalan, tabiiy resurslar, iqtisodiy resurslar)" deb tushuniladi. Iqtisodiyot nazariyasida resurslar deganda jamiyatning tovarlar va xizmatlar ishlab chiqarish uchun ixtiyorida bo'lgan hamma narsa tushuniladi. Boshqacha qilib aytganda, bu tovarlar va xizmatlar ishlab chiqarish uchun ishlatiladigan tabiiy, inson va inson

---

[35] Reitz, J.M. (n.d.). Collection development. In ODLIS: Online dictionary for library and information science. ABC- CLIO. Retrieved from http://www.abc-clio.com/ODLIS/odlis c.aspx#collecdevel // Introduction to Library and Information Science. — 3.1 Collection development. — p. 31.

tomonidan yaratilgan tovarlar; ya'ni iqtisodiy resurs bir xil tovardir, lekin boshqa tovarlarni ishlab chiqarish uchun ishlatiladi. Resurs mahsulot yoki xizmatdan vaqt omilini hisobga olgan holda uning paydo bo'lish manbaiga aylanishi bilan farq qiladi. Resurslarni ularning roli, moddiy ko'rinishi va ta'lim muassasasi faoliyati jarayoniga ta'sir qilish xususiyatlariga qarab tasniflash mumkin. Bularga tabiiy, moddiy, mehnat, moliyaviy va axborot resurslari kiradi. [36]

Umuman olganda, ushbu resurslarning har biri quyidagicha ifodalanishi mumkin. Tabiiy resurslar - bu insonning suv, yer, foydali qazilmalar, o'simlik va hayvonot dunyosi, shuningdek, iqlim va geografik joylashuvidan foydalangan holda foyda olish uchun iqtisodiy aylanishga jalb qiladigan resurslar. Moddiy resurslar yoki mehnat ob'ektlari - bu ishlarni bajarish va xizmatlar ko'rsatish vositalari, ya'ni binolar, inshootlar, mashinalar, asbob-uskunalar, asbob-uskunalar va boshqalar ko'rinishidagi inson tomonidan yaratilgan ishlab chiqarish imkoniyatlari. Mehnat resurslari shunday bo'lishi mumkin. mahsulot ishlab chiqarish va xizmatlar ishlab chiqarishda foydalanish

---

[36] Rayward W. Boyd. Visions of Xanadu: Paul Otlet (1868— 1944) and Hypertext / Journal of the American Society for Information Science. — 2014. — 4(4) — May, —p. 235—250.

mumkin bo'lgan qobiliyat va insoniy ko'nikmalar yig'indisi sifatida belgilanadi, boshqacha aytganda, bu iqtisodiy faoliyatda ishtirok etishga qodir iqtisodiy faol aholidir. Moliyaviy resurslar moddiy va mehnat resurslarini, shuningdek jamg'arish va investitsiyalarni jalb qilish vositalaridir. Boshqacha qilib aytganda, bu jamiyat ko'payish jarayonlarini tashkil etish uchun ajratishga tayyor bo'lgan mablag'lardir. Axborot resurslari tovarlar yaratish va xizmatlar ko'rsatish uchun zarur bo'lgan ilmiy, texnologik, loyiha yoki boshqaruv hujjatlari shaklida bo'ladi.

Iqtisodiyot nazariyasidan ma'lumki, iqtisodiy faoliyatni amalga oshirish uchun zarur bo'lgan va ushbu faoliyat sohasida ta'lim muassasasi va butun jamiyat tomonidan ifodalanadigan alohida xo'jalik yurituvchi sub'ektning ixtiyorida bo'lgan mablag'lar cheklangan. Buni jismoniy ma'nodagi cheklov sifatida emas, balki jamiyatning barcha a'zolari ehtiyojlarini bir vaqtning o'zida to'liq qondirishning mumkin emasligi deb tushunish kerak.

Ta'lim muassasasiga o'z faoliyatini tashkil etish uchun birinchi navbatda mehnat resurslari kerak. Ta'lim muassasalari xodimlari orasida quyidagi asosiy guruhlarni ajratib ko'rsatish mumkin: ilmiy-pedagogik xodimlar, ma'muriy va boshqaruv xodimlari, shuningdek, pedagogik, o'quv va xizmat ko'rsatuvchi xodimlar. Ushbu sohada hal qiluvchi rol ta'lim muassasalarining professor-o'qituvchilariga tegishli, chunki ular professional, doimiy ravishda rivojlanib borayotgan intellektual salohiyatni ifodalovchi ta'lim jarayonining asosiy omili hisoblanadi.

Hozirgi vaqtda ta'lim muassasalarini kadrlar bilan ta'minlash jiddiy muammo hisoblanadi. Barcha turdagi va toifadagi ta'lim muassasalari professor-o'qituvchilarining qarish tendentsiyasi barqaror kuzatilmoqda, ish haqining pastligi va kasbning ijtimoiy nufuzi, ta'lim muassasalari xodimlarining ijtimoiy himoyasi sustligi sababli yosh mutaxassislar yetarli emas. Bundan tashqari, mamlakatimizning qishloq va chekka hududlarida joylashgan ta'lim muassasalari uchun kadrlar tayyorlash bilan bog'liq vaziyat yomonlashmoqda. Ta'lim muassasasining resurslari, shuningdek, har bir ta'lim muassasasida quyidagilar bo'lishi mumkin bo'lgan moddiy boyliklardir:

1) binolar, shu jumladan tomlar, fasadlar, o'quv xonalari, yordamchi xonalar (zinapoyalar, yo'laklar, chodirlar), hojatxonalar, issiqlik tarmoqlari, elektr tarmoqlari, telefon

tarmoqlari;

2) quyidagi elementlar bilan ifodalangan o'quv jihozlari: o'quv mebellari (stollar, stullar, doskalar), o'quv jihozlari, laboratoriya jihozlari, asboblar, o'quv mashinalari va stendlari, kompyuterlar, kompyuter tarmog'i uskunalari;

3) kutubxona, shu jumladan o'quv zallari, kitob omborlari, kompyuterlar, o'quv mebellari, kitoblar, davriy nashrlar;

4) yo'llar, avtoturargohlar, parklar zonasi, issiqlik tarmoqlari, elektr yoritish, suv tarmoqlari, muhandislik tarmoqlari, to'siqlarni o'z ichiga olgan hudud;

5) o'quv materiallarini nashr etish va blankalarni chop etish uchun binolari, jihozlari bo'lgan nashriyot;

6) yotoqxonalar, shu jumladan binolar, binolar, mebellar, issiqlik tarmoqlari, elektr tarmoqlari;

7) boshqaruv va signalizatsiya tizimi, texnik qo'llab-quvvatlash qurilmalari bilan ifodalangan xavfsizlik;

8) ijtimoiy tuzilma: oshxona, bufet, kafe, majlislar zali, sport zali, stadion, dam olish maskani;

9) qo'llab-quvvatlovchi iqtisodiy tuzilma: transport xizmati,

ustaxonalar, issiqlik ta'minoti bloklari, qozonxonalar, podstansiyalar va elektr taqsimlash qurilmalari. [37]

Ularning umumiyligi ta'lim muassasasining moddiy-texnik yoki o'quv-moddiy bazasini ifodalaydi, uni saqlash va rivojlantirish uchun moliyaviy resurslar zarur. Moliyaviy resurslarning etishmasligi uning holatiga salbiy ta'sir qiladi, bu binolarning o'z vaqtida kapital ta'mirlanmaganligi va binolarning joriy ta'mirlanishi, o'quv jarayonining etarli darajada jihozlanmaganligi, kapital qurilishni amalga oshirishning murakkabligida namoyon bo'ladi.

Ta'lim muassasasining resurslariga moliyaviy resurslar kiradi, ularning davlat va munitsipal ta'lim muassasalari uchun o'ziga xos xususiyati shundaki, ular ushbu muassasalarga turli darajadagi byudjetlar hisobidan taqdim etiladi, ularning mablag'lari cheklangan. So'nggi yillarda federal byudjetdan ta'limga ajratilgan mablag'lar ushbu byudjet xarajatlarining 4-5 foizini tashkil etdi. Byudjet mablag'larining etishmasligi boshqa moliyalashtirish manbalarini izlashga, xususan, ta'lim muassasalarining tadbirkorlik faoliyatini tashkil etishga olib

---

[37] X.X.Muratov, Sh.A.Yusupova. Umumiy o'rta ta'lim maktablarida dars mashg'ulotlarini autoplay media studio dasturi orqali integratsiyalash. Academic Research in Educational Sciences . Volume 1 | Issue 3 | 2020.

keladi, buning natijasida byudjetdan tashqari mablag'lar kelib tushadi. Shuning uchun davlat va shahar ta'lim muassasalarining moliyaviy resurslarini shakllantirish ikkita asosiy manba, birinchidan, turli darajadagi byudjetlar va ikkinchidan, byudjetdan tashqari jamg'armalar hisobidan amalga oshiriladi.

Bugungi kunda maktab ta'limida axborot resurslari muhim rol o'ynay boshladi, bu axborot-kommunikatsiya texnologiyalarining rivojlanishida namoyon bo'lmoqda. Hozirgi vaqtda bu Internetda namoyish etiladigan asosiy ta'lim dasturlarining barcha bo'limlarini qamrab olgan vaqti-vaqti bilan yangilanadigan elektron ta'lim resurslari to'plamini ishlab chiqishda namoyon bo'ladi. Shu bois o'qituvchilar o'z darslarida axborot texnologiyalari sohasidagi eng zamonaviy ishlanmalardan foydalanish imkoniyatiga ega. Hozirgi kunda internet resurslaridan o'qituvchilar darsga tayyorgarlik ko'rishda va darslarning o'zlari tomonidan ma'lumot izlash, til muhitiga sho'ng'ish, multimedia taqdimotlarini yaratish, umumiy ta'lim ko'nikmalarini sinab ko'rish va amaliyotda qo'llashda keng foydalanilmoqda. So'nggi yillarda ta'lim muassasalari tomonidan iste'mol qilinadigan trafik hajmining barqaror va bosqichma-bosqich o'sishi kuzatilmoqda, eng ommabop ta'lim saytlari va portallari allaqachon aniqlangan. Axborot va ta'lim resurslari federal markazi va raqamli ta'lim resurslarining yagona to'plami portallariga o'rtacha har kuni 7,5 ming foydalanuvchi tashrif buyuradi. Hozirgi kunda 50 ming nusxadan ortiq elektron ta'lim resurslari to'plami yaratilmoqda. Ta'lim muassasasining barcha turdagi resurslari bir-biri bilan o'zaro ta'sir qiladi, vaqt o'tishi bilan o'zgaradi, shuning uchun ta'lim faoliyatini amalga oshirish uchun ushbu vositalarning har bir elementini doimiy ravishda takomillashtirish zarur. Ta'lim muassasasining ishchi kuchi uchun bu xodimlarning zarur sonini va ularning malaka darajasini aniqlashni, shuningdek, kadrlarni tayyorlash va malakasini oshirishni anglatadi. O'quv jarayoni uchun zarur bo'lgan moddiy resurslarni yaxshilash zarur jihozlarni o'z vaqtida yangilash, binolar va binolarni joriy va kapital ta'mirlashda ifodalanadi. Moliyaviy resurslar uchun bu ta'lim muassasasi oldiga qo'yilgan vazifalarni hal qilish uchun etarli mablag'lar miqdorini shakllantirishda namoyon bo'ladi.

Shu sababli, ta'lim muassasasi o'z faoliyatini amalga oshirish uchun ularning har birining qiymati mavjud vaziyatga qarab o'zgarishi mumkinligini hisobga olgan holda barcha resurslardan foydalanishi kerak. Masalan, ma'lum bir resursning etishmasligi, muammo hal qilinmaguncha, hozirgi vaqtda uning ahamiyatini avtomatik ravishda oshiradi.

Ta'lim muassasalarining barqaror rivojlanishini ta'minlash uchun moliyalashtirish hajmini oshirish zarur. Bu nafaqat hududiy va mahalliy byudjetlar hisobidan, balki byudjetdan tashqari mablag'larni jalb qilish - pullik ta'lim xizmatlarini ko'rsatish, ta'lim muassasasining ishlab chiqarish va konsalting faoliyati orqali ham mumkin.

Ta'limning resurs ta'minotini yaxshilashning yana bir yo'nalishi yangi ta'lim texnologiyalarini joriy etish, resurslardan, shu jumladan, axborotdan bir nechta ta'lim muassasalari tomonidan, masalan, ta'lim dasturi doirasida birgalikda foydalanish orqali moliyaviy resurslardan foydalanish samaradorligini oshirishdan iborat. , ilmiy-ishlab chiqarish majmuasi.Ta'lim muassasasi o'quv jarayonini tashkil etish uchun moddiy-texnika bazasidan foydalanadi. Maxsus adabiyotlarda u bajaradigan funktsiyalariga, maqsadiga e'tibor qaratib, o'quv-moddiy baza deb ataladi.

Moddiy-texnika bazasi - bu ta'lim muassasasining faoliyati va rivojlanishi uchun zarur bo'lgan moddiy elementlar majmui bo'lib, u doimiy yoki mulkiy bo'lgan iste'mol, ijtimoiy, madaniy va boshqa maqsadlar uchun binolar, inshootlar, asbob-uskunalar va mulkni saqlashni ta'minlashi shart. Demak, moddiy-texnika bazasiga ta'lim muassasasiga biriktirilgan, o'quv va ilmiy faoliyatni amalga oshirish, o'quvchilar va o'qituvchilarning yashash sharoiti, mehnati va hayotini ta'minlashan iborat.

Ta'lim muassasalarining moddiy-texnik bazasini mustahkamlash va rivojlantirishning asosiy yo'nalishlaridan biri asosiy fondlarni kapital qurilish hisobiga to'ldirish, ya'ni yangilarini joriy etish va mavjud bino va inshootlarni rekonstruksiya qilishdir. Kapital qurilishga ajratilgan mablag'lar kapital qo'yilmalar deb ataladi.

Ta'lim muassasalariga kapital qo'yilmalar markazlashtirilgan va markazlashtirilmagan. Markazlashtirilgan fondlarga davlat budjetidan olingan mablag'lar kiradi. Markazlashtirilmagan kapital qo'yilmalarni moliyalashtirish ta'lim muassasasining byudjetdan tashqari mablag'lari hisobidan amalga oshiriladi. Moddiy-texnika bazasini rivojlantirishning muhim yo'nalishi stanoklar va laboratoriya asbob-uskunalari, zamonaviy ilmiy asbob-uskunalar, asboblar, hisoblash va axborot texnologiyalarini olish va o'rnatish hisoblanadi.

 O'quv va o'quv-metodik adabiyotlarni tayyorlash, ishlab chiqarish va ulardan foydalanish ta'lim muassasalari o'quv-moddiy bazasining faol qismini rivojlantirish uchun muhim ahamiyatga ega, chunki darsliklar va o'quv qo'llanmalar talabalarni o'qitishning asosiy vositasidir. Ta'kidlash joizki, moddiy-texnika bazasining holati ta'lim muassasasini attestatsiyadan o'tkazish va akkreditatsiya qilishda muhim ko'rsatkichlardan biri hisoblanadi.

Demak, ta'lim muassasalarining moddiy-texnika bazasini saqlash va rivojlantirish ta'lim jarayonini muvaffaqiyatli amalga oshirishning asosiy shartlaridan biri bo'lib, rivojlanish davlat ta'lim standartlari, ijtimoiy normalar va me'yorlar talablariga muvofiq amalga oshirilishi lozim. Samaradorlik inson faoliyatining asosiy belgilaridan biri bo'lib, mehnat samaradorligini tavsiflovchi iqtisodiy fanning eng muhim kategoriyasidir. Maqsad va olingan natijalarning nisbati ishning samaradorligi haqida fikr beradi. Samaradorlik maqsadni amalga oshirish darajasi sifatida belgilanishi bejiz emas.

Iqtisodiy nazariya va amaliyot shuni ko'rsatadiki, natija qanchalik yaxshi bo'lsa va xarajatlar qancha kam bo'lsa, samaradorlik shunchalik yuqori bo'ladi. Samaradorlikni aniqlashda maqsad, natija, xarajatlar, umume'tirof etilgan me'yorlar kabi elementlar majburiy ravishda mavjud. Ushbu ro'yxatning markaziy qismi faoliyatning boshlanishi va oxirini ifodalovchi maqsad va natijalardir. Va har qanday ish maqsadlarni, harakatlar tartibini va mumkin bo'lgan natijalarni tushunishni, ya'ni ushbu faoliyat kontseptsiyasini asoslashning ajralmas sharti sifatida dastlabki tushunishni va kerakli natijaga erishishning ishonchliligini talab qiladi.[38] Bundan tashqari, ta'lim sohasining ko'p funktsiyaliligi uning samaradorligi bir necha o'zaro bog'liq elementlarga ega bo'lishiga olib keladi: pedagogik, ijtimoiy va iqtisodiy. Ular bir-biridan deyarli ajralmas va juda xilma-xildir. Ta'lim sohasida mehnat, moddiy va moliyaviy resurslar qancha ko'p ishlatilsa, uning iqtisodiy natijasi shunchalik yuqori bo'ladi, ya'ni ta'lim xizmatlari ko'proq yaratiladi va ularga bo'lgan ehtiyoj to'liq qondirilsa, barcha soha xodimlarining bilim darajasi shunchalik yuqori bo'ladi. iqtisodiyotning. Bu esa, o'z navbatida, mehnat unumdorligining oshishiga, yalpi mahsulotning ko'payishiga olib keladi. Shunday qilib, ta'limning ichki iqtisodiy ta'siri tashqi bilan uyg'unligi mavjud. Binobarin, ta'limni rivojlantirish ilmiy-texnikaviy taraqqiyotni jadallashtirish va mehnat unumdorligini oshirishning zarur omili bo'lib, jamiyat tomonidan yetarli

---

[38] X.X.Muratov, Sh.A.Yusupova. Umumiy o'rta ta'lim maktablarida dars mashg'ulotlarini autoplay media studio dasturi orqali integratsiyalash. Academic Research in Educational Sciences . Volume 1 | Issue 3 | 2020.

mablag' ajratishni taqozo etadi. Biroq davlatning imkoniyatlari cheksiz emas, jamiyat taraqqiyotining ma'lum bir bosqichida mavjud resurslarni mamlakat iqtisodiyotining turli sohalari o'rtasida optimal taqsimlash, jumladan, ta'lim rivojlanishini ta'minlash masalasi tug'iladi. Shuning uchun ta'lim xarajatlarining samaradorligini aniqlash muammosi muhim, ammo nazariy va amaliy jihatdan juda qiyin.

Ta'lim samaradorligini aniqlash uchun tegishli usullar va chora-tadbirlar zarur, shuning uchun ta'lim xarajatlarining milliy iqtisodiy samaradorligini aniqlashning tegishli chora-tadbirlari va usullarini ishlab chiqmasdan turib, ta'limga investitsiyalarning tegishli miqdorini belgilash mumkin emas. Bunday samaradorlikni aniqlashning barcha mavjud usullarini to'g'ridan-to'g'ri va bilvosita ajratish mumkin. Birinchisi, ta'lim samaradorligini, uning xalq xo'jaligi faoliyatiga ta'sirini (u yoki bu shaklda) xarajatlar smetasini olishni o'z ichiga oladi. Ikkinchisi ushbu tizim faoliyati natijalarini ijtimoiy rivojlanishning ma'lum maqsadlari bilan taqqoslash orqali ta'lim tizimining samaradorligini bilvosita (xarajatsiz) baholashga imkon beradi.

Har bir mutaxassislik bo'yicha talab qilinadigan va haqiqiy ta'lim darajalarini taqqoslash ishchilarning haqiqiy tayyorgarligi zamonaviy ishlab chiqarish talablariga qanchalik mos kelishini ko'rsatadi. Ushbu usulning ijobiy tomoni - ma'lum bir tayyorgarlik darajasi bilan ishchi kuchining ortiqcha yoki etishmasligi miqdorini aniqlash qobiliyatidir. Shu bilan birga, usul ishlab chiqarish ta'lim tuzilmasini qat'iy belgilaydi (tayyorlash darajasining ish turiga qat'iy muvofiqligini) nazarda tutadi. Darhaqiqat, har bir mutaxassislik doirasida ishchilarning malaka darajasining juda keng doirasi mavjud. Qolaversa, ta'limning rivojlanishi iqtisodiyotning malakali mutaxassislarga boʻlgan bugungi ehtiyojlaridan oshib ketishi, sifat darajasi boʻyicha bugungi ishlab chiqarish texnologiyasidan oshib ketishi mumkin va oldinga borishi kerak. Bu usulning kamchiliklari qatoriga oʻqitish sifatining farqlanishiga yoʻl qoʻymaslik; uning ichki mantig'i mehnatga layoqatli aholining kasbiy tuzilmasi allaqachon o'zining optimal holatiga erishganligini va faqat ta'lim tuzilmasini o'zgartirish talab qilinishini taxmin qiladi, bu mutlaqo aniq emas; usul iqtisodiy nuqtai nazardan mantiqan to'liq emas, chunki u ishlab chiqarish ehtiyojlari va ishchi kuchining erishilgan ta'lim darajasi o'rtasida yuzaga keladigan nomutanosiblik tufayli iqtisodiyotdagi yo'qotishlarni o'lchash imkonini bermaydi. Ta'lim samaradorligini aniqlashning ko'plab to'g'ridan-to'g'ri usullari mavjud. Mehnatni qisqartirish koeffitsientlarini aniqlashga asoslangan usullar ishchi kuchining shartli sonining ko'payishini uning ta'lim darajasining o'sishiga mos ravishda hisoblash va shu asosda mehnat darajasining oshishi ta'sirini aniqlash imkonini beradi. milliy daromad bo'yicha ta'lim. G'arb mamlakatlari olimlarining ishlarida ta'lim samaradorligini baholash usuli keng tarqalgan bo'lib, u jismoniy shaxsning o'z ta'limi natijasida olgan daromadlarini hisobga olgan holda hisoblab chiqiladigan daromad stavkalari deb ataladigan stavkalarni hisoblashga asoslangan. uning qiymati. Bu holda rentabellik stavkalari shaxs uchun "inson kapitali" ning rentabelligini ifodalaydi va "inson kapitali" nazariyasi tarafdorlarining fikriga ko'ra, jismoniy kapitalga nisbatan rentabellik darajasi bilan bir xil funktsiyalarni bajaradi, ya'ni , ular "inson sarmoyasi"ning samaradorlik darajasini o'lchaydi va ularning taqsimlanishini tartibga soladi. Bu holda ta'limning samaradorligi tegishli ta'lim olishni xohlaydigan shaxs nuqtai nazaridan ko'rib chiqiladi. "Inson kapitali" nazariyasiga ko'ra, ichki rentabellik koeffitsienti nafaqat o'qitish xarajatlari samaradorligini ko'rsatadi, balki investitsiyalarni ta'limning turli turlari va darajalari o'rtasida, shuningdek, butun ta'lim tizimi o'rtasida taqsimlashni tartibga soladi. va iqtisodiyotning boshqa tarmoqlari. Individual shaxs nuqtai nazaridan, ta'limga qaytishning ichki ko'rsatkichlari haqiqatan ham taqsimlovchi rol o'ynashi mumkin, ammo cheklangan darajada. Jumladan, turli kasblar uchun daromadning ichki normalari va jismoniy kapitalning daromadlilik stavkalarini bilgan holda, katta foyda kutilayotgan joyga qarab shaxsiy mablag'larni u yoki bu sohaga investitsiya qilish mumkin. Shunga o'xshash xatti-harakatlar tadbirkorlar tomonidan mutlaqo qabul qilinadi. Axir, jami ishchilarni ta'limga sarflash (chunki bu xarajatlar qo'shimcha qiymatni pasaytiradi va ish kuchi qiymatini oshiradi) ular tomonidan foydali investitsiyalar sifatida ko'rib chiqilishi kerak, chunki ma'lumotli ishchi kuchi yanada murakkab ishlarni bajarishga qodir. ko'proq ortiqcha qiymat. [39] Umuman olganda, butun iqtisodiyot uchun daromad stavkalarining tartibga soluvchi roli unchalik aniq emas. Xususiy va ijtimoiy daromad stavkalarini farqlang: birinchisi ta'limga investitsiyalarning talabalarning o'zlari uchun, ikkinchisi esa butun mamlakat iqtisodiyoti uchun samaradorligini ko'rsatadi. Ijtimoiy daromad me'yorlarini hisoblashda ta'limning to'liq xarajatlari qo'llaniladi, ular, qoida tariqasida, jismoniy shaxslarning xarajatlaridan sezilarli darajada oshadi, chunki davlat bu turdagi

---

[39] Library Classification Theory / Rai Technology. University, 2014.— p. 120

xarajatlarning katta qismini o'z zimmasiga oladi va bu birinchi navbatda rivojlangan mamlakatlar uchun xosdir. . Odatda, daromadning ijtimoiy normalari xususiylarga qaraganda bir oz pastroqdir. Biroq, ijtimoiy normalar faqat xalq ta'limi siyosatining iqtisodiy yo'nalishi bo'lib xizmat qiladi, bunda mafkuraviy, ijtimoiy va siyosiy omillarni hisobga olish kerak. Ta'limga, xususan, ijtimoiy sohaga investitsiyalarning rentabellik stavkalarining asosiy kamchiligi shundaki, ular faqat investitsiya siyosatini qaysi yo'nalishda o'zgartirish kerakligini ko'rsatadi, shu bilan birga bu yoki ushbu sohaga investitsiyalarni qanchalik o'zgartirish kerakligi haqidagi savolni hal qilishga imkon bermaydi. o'sha soha.

III. MAKTAB TA'LIMI TIZIMIDA AXBOROT-RESURSLARDAN FOYDALANISH ORQALI IJTIMOIY MUOMALA ODOBINI SHAKLLANTIRISH METODOLOGIYASI

3.1. Axborot madaniyati va uning asosiy jihatlari

Axborot jamiyati sharoitida madaniyatning yangi turi - axborot madaniyati paydo bo'lishi tabiiydir. Ba'zi olimlar buni kompyuter savodxonligi bilan tenglashtiradilar va madaniyatning ushbu turini anglash uchun shunday ma'no qo'yadilar. Shu bilan birga, kompyuter savodxonligi bu faqatgina yangi kompyuter texnologiyalari bilan ishlash ko'nikmalaridir. Axborot madaniyati bu juda katta hodisa. Binobarin, jamiyatning axborot madaniyatini rivojlantirish, printsipial jihatdan yangi yuqori avtomatlashtirilgan va nihoyatda boy axborot muhitida uning barqaror va xavfsiz rivojlanishining zaruriy sharti sifatida bugungi kunda nafaqat jahon hamjamiyatining barcha davlatlari, balki ko'plab xalqaro tashkilotlarning davlat siyosati markazida turibdi. Bunday tashkilotlarga misol sifatida YuNESKO, UNIDO, YuNEPni keltirish mumkin. [40]

---

[40] Karimov U.F., Raxmatullayev M.A. Elektron kutubxona yaratish texnologiyasi va resurslardan foydalanish. — T.: A.Navoiy nomidagi 0'zbekiston Milliy kutubxonasi nashriyoti, 2009. — 72 b.

Axborot madaniyati tushunchasi endi aniq institutsionalizatsiya qilingan. Xalqaro axborotlashtirish akademiyasida Axborot madaniyati bo'limi mavjud. 1998 yildan beri ushbu tashkilot homiyligida axborot madaniyati muammolariga bag'ishlangan xalqaro ilmiy konferentsiyalar o'tkazilib kelinmoqda. Insonning axborot xatti-harakatlarini o'rganish muammolari Xalqaro fan va texnika sotsiologiyasi maktabi materiallarida yoritib berilgan. Shuningdek, o'rta va oliy o'quv yurtlari uchun "Axborot madaniyati asoslari" kursi bo'yicha bir qator o'quv dasturlari mavjud. Yuqorida aytilganlarning barchasi ushbu yo'nalishni rasmiy tan olingan deb hisoblashga asos beradi.

Zamonaviy jamiyatda axborot madaniyatini rivojlantirishning asosiy omillari quyidagilar:

- ta'lim tizimi, odamlarning intellektual rivojlanishining umumiy darajasini, ularning moddiy va ma'naviy ehtiyojlarini aniqlash;

- axborot infratuzilmasi odamlarning kerakli ma'lumotlarni olish, uzatish va ulardan foydalanish qobiliyatini belgilaydigan, shuningdek ma'lum bir axborot kommunikatsiyalarini zudlik bilan amalga oshiradigan jamiyat;

- jamiyatni demokratlashtirish, odamlarning kerakli ma'lumotlarga ega bo'lishining huquqiy kafolatlarini, aholi uchun ommaviy axborot vositalarini rivojlantirishni, shuningdek fuqarolarning muqobil, shu jumladan xorijiy axborot manbalaridan foydalanish imkoniyatlarini belgilaydigan;

- iqtisodiy rivojlanish odamlar uchun zarur bo'lgan ma'lumotni olish uchun moddiy imkoniyatlar, shuningdek zamonaviy axborot texnologiyalarini (televizorlar, shaxsiy kompyuterlar, radio telefonlar va boshqalar) sotib olish va ulardan foydalanishga bog'liq bo'lgan mamlakat. [41]

Axborot madaniyati, intellektual madaniyat singari, madaniyatning barcha turlarida mavjud bo'lib, turli darajalarda namoyon bo'ladi - jamiyat, ma'lum ijtimoiy guruhlar va o'ziga xos shaxs darajasida. U turli funktsional maqsadlarga ega komponentlardan iborat. Axborot madaniyati tarkibiga quyidagi madaniyatlarning elementlari kiradi:

a) kommunikativ (aloqa madaniyati);

---

[41] Nigmatova Z. Hujjatlarga analitik-sintetik ishlov berish. Alfavit katalog. O'quv qo'llanma. - Тошкент: A. Qodiriy nomi- dagi TDMI, 2008. - 50 b.

b) leksik (tilshunoslik, yozuv madaniyati);

c) kitob;

d) intellektual (ilmiy tadqiqot va aqliy mehnat madaniyati);

e) axborot texnologiyalari (zamonaviy axborot texnologiyalaridan foydalanish madaniyati);

f) axborot va huquqiy;

g) g'oyaviy va axloqiy.

Axborot madaniyatini tasniflashning asoslaridan biri bu uning turlarini aniqlashdir. Axborot madaniyati turlari kasbiylashtirish bilan bog'liq bo'lib, axborotdan foydalanuvchilarning vakolatlari darajasini ta'kidlaydi. Shunday qilib, uning quyidagi turlari mantiqan to'g'ri keladi:

1) umumiy tayyorligi bo'lgan foydalanuvchilarning axborot madaniyati (talabalar);

2) turli profil mutaxassislarining (madaniyat vakillari) axborot madaniyati;

3) ma'lumot beruvchi mutaxassislarning axborot madaniyati (faoliyat sohalari - ilmiy, o'quv, ommaviy axborot vositalari va boshqalar).

Shunday qilib, axborot madaniyati har qanday jamoa

va shaxs madaniyatini tarkibiy qismidir, bu ularning ma'lumotni qadriyat sifatida anglashini, izlash va topish, olish va qayta ishlash istagi va qobiliyatini, maqsadga muvofiq faoliyatini shu asosda asoslash va uni uzatish, shuningdek olingan tajribani boshqalar bilan baham ko'rishlarini tavsiflaydi. bu maydon. [42]

Ushbu muammoning ahamiyati va uning juda ko'p sonli nashrlarda aks etishi to'g'risida xabardor bo'lishiga qaramay, bugungi kunda "axborot madaniyati" ta'rifining yagona ta'rifi mavjud emas. Hatto kam rivojlangan bo'lsa ham, shaxsning axborot xatti-harakati muammosi.

Shaxsning axborot madaniyatini umumiy madaniyatning tarkibiy qismi sifatida shakllantirish turli tekisliklarda - g'oyaviy, axloqiy-axloqiy, psixologik, ijtimoiy, texnologik va hk.

Dunyoqarash tekisligida axborot madaniyati jamiyatda axborot tarqatish shakllarini anglash, madaniyat sharoitida axborotning rolini nazariy anglash orqali rivojlanadi.Axloqiy va axloqiy tekislikda axborot madaniyatini shakllantirish axborotni tarqatish uchun shaxsiy

---

[42] Raxmatullayev M.A. Avtomatlashtirilgan kutubxona: O'quv qollanma. — Toshkent, 2003. — 266 b.

javobgarlikni tarbiyalashni, shuningdek, shaxsda ma'lumot ishlab chiqarish va iste'mol qilish madaniyatini rivojlantirishni nazarda tutadi. Psixologik tekislikda insonning axborot madaniyati kiruvchi ma'lumotlarga optimal reaktsiyani ishlab chiqish va shaxsning etarli xatti-harakatlaridan, haddan tashqari yoki kam ma'lumot sharoitida harakat qilish qobiliyatini shakllantirish, uning sifat tomonini baholash, ishonchli ma'lumotni tanlashdan iborat.

Konsentrlangan shaklda axborot madaniyati muammosi murakkab ilmiy yo'nalish sifatida faqat 70-80-yillarda aniqlana boshladiXX asrni jamiyatni texnologlashtirish tendentsiyalari bilan, hayotning barcha sohalarida kompyuter kommunikatsiyalarini joriy etish va ulardan foydalanish bilan bog'liq. Ushbu o'zgarishlar axborot madaniyati muammolarini yoritishga yo'l ochdi, asosiy tushunchalarni, yondashuvlarni, asosiy qoidalarni, terminologiyani shakllantirishga imkon berdi.

"Axborot madaniyati" atamasi haqida eslatib o'tgan birinchi asar 1974 yilda nashr etilgan bo'lsa-da, uning ilmiy muammolarini ishlab chiqish ustuvorligi "Axborot va taraqqiyot" monografiyasi va "Informatika va madaniyat" ilmiy nashrlari to'plami nashr etilgan Novosibirsk olimlariga berilishi kerak.Zamonaviy tadqiqotchilar "axborot madaniyati" atamasini turlicha talqin qilmoqdalar.Axborotlashtirish sohasidagi etakchi rus mutaxassislaridan biri E.P. Semenyuk ostida axborot madaniyati "butun insoniyat madaniyatining jamiyatdagi barcha axborot jarayonlari va mavjud axborot munosabatlari darajasini ob'ektiv ravishda tavsiflovchi axborot komponentini" tushunadi.

N.B. Zinovyeva "axborot madaniyati" tushunchasini "madaniyat turi" kategoriyasi orqali aniqlaydi. "Axborot madaniyati" tushunchasi doirasini tahlil qilib, u quyidagilarni yozadi: "Fikrlarning uslubiy doirasi - bu jamiyatda axborotni tarqatish va uni sub'ekt tomonidan ishlatilishining dunyoqarashi, kognitiv, axloqiy-axloqiy, psixologik, ijtimoiy va texnologik jihatlariga tegib, axborot madaniyatini keng ma'noda ko'rib chiqish; tor ma'noda, an'anaviy va elektron axborot texnologiyalari sohasidagi bilimlarni, ko'nikmalarni, ko'nikmalarni o'zlashtirish usullari, usullari bilan faqat muammatikani cheklash».

A.A. Vituxnovskaya ushbu kontseptsiyani "madaniyat hayotining odamlar hayotining axborot tomonlari bilan bog'liq tomonlaridan biri" sifatida tavsiflaydi. Xangeldieva uni umuminsoniy ma'naviy qadriyatlar ustuvor bo'lgan axborotni qabul qilish, uzatish, saqlash va undan foydalanish sohasidagi inson hayotining sifat xarakteristikasi sifatida belgilaydi. [43]

E. A. Medvedevaning so'zlariga ko'ra, "axborot madaniyati - bu insonga axborot makonida erkin harakatlanish, uning shakllanishida ishtirok etish va axborot bilan o'zaro aloqalarni rivojlantirishga imkon beradigan bilim darajasi". Shunga muvofiq, axborot madaniyatini eng yuqori darajada jamiyatdagi axborotning ishlashi va shaxsning axborot fazilatlarini shakllantirish bilan bog'liq madaniyat sohasi sifatida ta'riflash mumkin. Ushbu yondashuv ma'lumotni "ijtimoiy-madaniy mahsulot", "umuminsoniy madaniy qadriyat", "madaniy qadriyatlarning ishlash shakli" sifatida saralashga imkon beradi. V.E. Leonchikov, "axborot madaniyati, go'yo barcha etno-hududiy, ijtimoiy va global madaniyat turlariga xos bo'lgan" o'zaro bog'liqlik jihati ", shuningdek, iqtisodiy, ekologik, siyosiy, huquqiy, axloqiy, diniy va hk kabi madaniyatning integral turlari". Muammoni ilmiy ishlab chiqish darajasi mahalliy va xorijiy olimlar tomonidan ushbu sohada ko'plab tadqiqotlar mavjudligini aniqlaydi. Axborot, axborotlashtirish, axborot madaniyati muammolari yarim asr davomida ham mahalliy, ham chet el adabiyotida faol

---

[43] Measuring the Information Society (MIS). Executive Summary. ITU edition, 2015.

rivojlanib kelmoqda. Umumiy ilmiy ma'noda axborot madaniyatini D. Adam, D.I. kabi olimlar ko'rib chiqdilar.

Axborot madaniyati hodisasi bilan bog'liq muammolarni falsafiy, pedagogik, psixologik va boshqa yondashuvlar nuqtai nazaridan ishlab chiqish ayniqsa so'nggi o'n yilliklarda faollashmoqda. Ushbu muammoning turli jihatlari ishlab chiqilgan. O.V. Artyushkin, A.A. Vituxnovskaya, M.G. Voxrysheva, N.I. Gendin, A.A. Grechixin, M. Ya. Dvorkin, N.B. Zinovieva, Yu.S. Zubov, V.E. Leonchikov, E.P. Semenyuk, N.A. Fedotov va boshqalar.

Shu bilan birga, "axborot madaniyati" tushunchasi asosan ko'rib chiqiladigan ikkita asosiy yondashuv yoki axborot yo'nalishlariga yoki madaniy yo'nalishlarga asoslangan. Birinchi yondashuv doirasida asosiy e'tibor shaxsning axborot bilan ishlash sohasidagi imkoniyatlarini (qidirish, tanlash, tizimlashtirish, tahlil qilish) aks ettiruvchi xususiyatlarga, axborot amaliyotining tarkibi va mazmuni bilan bog'liq bilim, ko'nikma va malakalarning mavjudligiga qaratilgan. Ushbu tor yo'naltirilgan yondashuv G.G.ning asarlarida keltirilgan. Vorobieva, L.V. Google, K.T. Audrina, L.V. Nurgaleeva, G.B. Parshukova, A.A. Paraxina va boshqalar. Zamonaviy axborot madaniyatini o'rganishda axborot yondoshuvi ustunlik qilmoqda, chunki bu masala fanga axborot sohasidan kelib chiqqan.⁴⁴

Madaniyatshunoslik yondashuvidan foydalanganda "axborot madaniyati" tushunchasi, uning mazmuni va ko'rib chiqish konteksti nuqtai nazaridan sezilarli darajada kengayadi, axborot madaniyati jamiyatning axborot makonida inson hayotining uslubi sifatida, inson va insoniyat madaniyatining muhim tarkibiy qismi sifatida taqdim etiladi. I.G.ning asarlarida Beloglazkina, A.A. Vituxnovskaya, N.B. Zinovieva, V.E. Leonchikova, E.P. Semenyuk, axborot madaniyati jamiyatdagi axborotning ishlashi va shaxsning axborot fazilatlarini shakllantirish bilan bog'liq madaniyat sohasi sifatida tavsiflanadi.

Aynan ushbu yondashuv doirasida axborotning ijtimoiy-madaniy mahsulot, "umuminsoniy madaniy qadriyat", "madaniy qadriyatlarning ishlash shakli" sifatida kontseptsiyasi ishlab chiqilmoqda. S. B. so'zlariga ko'ra. Burago, V.N. Vasin, S.V. Smirnov, axborot madaniyati

---

⁴⁴ Begimkulov U.Sh. Pedagogik ta'limda zamonaviy axborot texnologiyalarini joriy etishning ilmiy-nazariy asoslari. Monografiya. -T.: Fan, 2017.

Begimkulov U.Sh. Pedagogik ta'limda zamonaviy axborot texnologiyalarini joriy etishning ilmiy-nazariy asoslari. Monografiya. -T.: Fan, 2007.

madaniyatning ma'naviy va moddiy quyi tizimlarining ichki zarur tarkibiy qismidir.

So'nggi yillarda maktabgacha va maktab ta'limi hamda oliy ta'lim sharoitida axborot madaniyatini rivojlantirish muammolariga alohida e'tibor berilmoqda. Ushbu asarlar asosan pedagogik xususiyatga ega bo'lib, axborot madaniyatini shakllantirish uchun o'quv jarayonining mazmuni va tashkil etilishini tahlil qilishga, turli xil o'quv fanlari rollariga bag'ishlangan. Jamiyatning informatika vositalari va usullarining arsenaliga ega bo'lgan, yangi bilimlarni o'rganish va qo'llash orqali shaxsiy kasbiy fazilatlarini doimiy ravishda takomillashtirishga qodir malakali mutaxassislarga bo'lgan ehtiyoji ta'lim siyosatining etakchi omiliga aylanmoqda. Axborot kompetensiyasi mutaxassislar amaliy muammolarni hal qilish uchun axborotlashtirish vositalari va yangi axborot texnologiyalaridan samarali foydalanish qobiliyatini o'z zimmasiga oladi. Mutaxassisning rivojlangan axborot madaniyati nafaqat yangi axborot makonida harakat qilish qobiliyatini, balki o'z kasbiy faoliyatida uning imkoniyatlaridan foydalanish qobiliyatini ham nazarda tutadi. Ushbu muammoni hal qilish uchun mavjud bo'lgan oliy ta'lim tizimini modernizatsiya qilish kerak.

Axborotlashtirish

jarayonining jadal rivojlanishiga qaramay, ta'lim tizimining texnik taraqqiyot yutuqlaridan orqada qolishining asosiy sabablaridan biri oliy ma'lumotli o'qituvchilarning ko'pchiligining shaxsiy axborot madaniyatining etarli darajada yuqori emasligi. Talabalarning axborot madaniyatini shakllantirishda pragmatik yondashuv ustunlik qiladi, bu o'zlashtirilgan bilimlarning faqat ta'lim yoki kasbiy faoliyatda o'ziga xos amaliy qo'llanilishi nuqtai nazaridan qabul qilinishida namoyon bo'ladi. Shaxsning axborot madaniyatini tarbiyalashning maqsad va vazifalarini bunday cheklangan darajada tushunish uning yaxlit shakllanishiga xalaqit beradi va dunyoning axborot manzarasi to'g'risida to'g'ri g'oyalarni rivojlanishiga yordam bermaydi. Shaxsning axborot madaniyatini shakllantirish muammosi ko'pincha boshqa fanlarga, xususan, gumanitar yo'nalishlarga taalluqli bo'lmasdan, informatika kursining vazifasiga aylantiriladi, shuning uchun bo'lajak mutaxassisning zarur axborot fazilatlarini shakllantirish jarayonining yaxlitligi yo'q. Ammo axborot madaniyatini rivojlantirish jarayoni ularning ta'lim muassasasini tugatishi bilan to'xtamaydi, bu faqat malaka oshirish tizimi doirasi bilan cheklanib qolmaydi, bu mutaxassisning o'zining ko'p yillik faoliyati davomida uzluksiz rivojlanishi va o'zini o'zi rivojlantirishidir. Va bu axborot resurslarining tobora ortib borayotgan salohiyati bilan bog'liq.

Shaxsning axborot madaniyati bir qator tarkibiy qismlarga ega: axborot faoliyati, rivojlangan axborot motivatsiyasi, kognitiv, o'qish faoliyati, axborot faoliyati ko'nikmalarini egallash, izlash harakati, o'z axborot ehtiyojlarini anglash darajasi, kommunikativ jarayonga jalb qilish. Axborot madaniyatining ushbu tarkibiy qismlari shaxsiy fazilatlar majmuiga asoslangan bo'lib, ular orasida quyidagilar ajralib turadi:

- intellektual va kognitiv atrofdagi haqiqatni idrok etishga, uni baholashga, tadbirlar rejalarini tuzishga imkon beradigan;

- motivatsionaxborot faoliyati yo'nalishini belgilovchi motivlar va maqsadlarni tavsiflash;

- hissiy va irodaviysamaradorligini aniqlash axborot faoliyati;

- kommunikativ, aloqa va ma'lumot almashish normalarini tavsiflovchi.

Axborot madaniyati kontseptsiyasi mutaxassislarning kasbiy yo'nalishiga qarab ko'plab tarkibiy qismlarni o'z ichiga olgan murakkab tuzilishga ega.

Insonning axborot madaniyatida biz uchta asosiy komponentni ajratamiz:

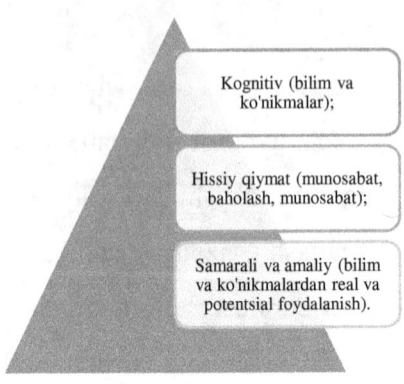

Shaxsiy axborot madaniyati tarkibiy qismlarini ko'rib chiqamiz. "Axborot madaniyati" tushunchasining o'zi, avvalo, yangi ma'lumotlarni topish va qayta ishlashni yanada amaliy istiqbolga ega bo'lish qobiliyatini, shuningdek, ushbu maqsadga erishish vositasi sifatida o'qituvchi va talabalar tomonidan universitetning o'quv jarayonida foydalaniladigan multimedia texnologiyasi ekanligini anglatadi, biz ko'rib chiqishni taklif qilamiz. birinchisi - axborot madaniyatining kognitiv komponenti.

Kompyuter savodxonligi - bu shaxsning dinamik xarakteristikasi bo'lib, uning o'ziga xos xususiyatlari quyidagilardan iborat: ma'lum bir kompyuter bilimlari, ko'nikma va malakalariga ega bo'lish, o'quv va shaxsiy muammolarini hal qilishda kompyuter texnologiyalaridan foydalanish uchun mas'uliyat hissi, kompyuter faoliyatiga ijodiy yondoshish. Quyidagi ko'rsatkichlar bo'yicha kompyuter savodxonligini shakllantirish darajasini ob'ektiv baholash mumkin: [45]

Kompyuter faoliyatiga qimmatli munosabat (kompyuter faoliyatining ijtimoiy va shaxsiy ahamiyatining nisbati, kognitiv va amaliy faoliyatning namoyon bo'lishi);

Kompyuterni nazariy va texnologik o'qitish (algoritmik fikrlash, informatika sohasidagi nazariy bilimlar);

Ijodiy qobiliyatlarni amalga oshirish (evristik faoliyatga e'tibor, standart muammolarni hal qilishda nostandart yondashuvlarning namoyon bo'lishi).

Ushbu parametrni shakllantirish samaradorligi bir qator shartlar amalga oshirilganda mumkin: o'quvchilarning kompyuter savodxonligi darajasini oshirish istagi borligi; olingan kompyuter bilimlari, qobiliyatlari, ko'nikmalarini yangilash; o'quv faoliyatining turli shakllari (ma'ruzalar, amaliy mashg'ulotlar, mustaqil ishlar) uchun kompyuter texnologiyalarini jalb qilish; kompyuter o'qitish jarayonida o'qituvchilar va o'quvchilarning shaxsga yo'naltirilgan o'zaro

---

[45] Raxmatullayev M.A. Avtomatlashtirilgan kutubxona: O'quv qollanma. — Toshkent, 2003. — 266 b.

ta'sirini amalga oshirish; kompyuter texnologiyalarini o'zlashtirish jarayonida innovatsion va ijodiy elementlarni kiritish.

Rivojlangan kompyuter savodxonligi ijtimoiy ahamiyatga ega xarakterga ega bo'ladi, shu bilan birga shaxs o'z harakatlariga tanqidiy qaraydi va o'z ishining natijalarini tahlil qiladi, bu umuman odamning umumiy madaniyati rivojlanganligini va uning shaxsiy va kasbiy fazilatlari yaxshilanganligini ko'rsatadi.

Axborotni izlash, tanlash, saqlash va ulardan foydalanishda zamonaviy bilim, ko'nikma va malakalarni o'zlashtirmaganligi (ikkinchi mezon bu axborot qobiliyatlari), mavzu axborot muhitining tez o'zgaruvchan sharoitlariga moslasha olmaydi va o'zlarini qulay his qila olmaydi. Ammo bilim, ko'nikma, ko'nikmalarni o'z-o'zidan, ijtimoiy hayotning dunyoqarashi, axloqiy, axloqiy, psixologik jihatlaridan ajratib olish mumkin emas. Axborot bilan ishlash madaniyati quyidagilarni anglatadi.

Ammo zamonaviy ta'lim tizimida axborot bilan ishlash ko'nikmalarini shakllantirishga yondashuv samarasiz bo'lib qolmoqda.Elektronik ma'lumotlarni qayta ishlash asoslari asosan boshqa fanlardan zarur aloqani izlamay, informatika fanini o'rganish orqali amalga oshiriladi.

Ushbu mezonni shakllantirish ko'rsatkichlari o'quvchilarning axborot, ta'lim, kasbiy va boshqa kognitiv ma'lumotlarda o'zini o'zi ta'minlash qobiliyati, an'anaviy (qo'llanma) va avtomatlashtirilgan (elektron) usulda mustaqil ravishda izlashning oqilona usullarini o'zlashtirishi; axborotni analitik-sintetik qayta ishlashning rasmiylashtirilgan usullarini o'zlashtirish; o'zlarining mustaqil bilim faoliyati natijalarini tayyorlash va ro'yxatdan o'tkazishning an'anaviy va kompyuter texnologiyalarini o'zlashtirish. Bunday faoliyatni oliy o'quv yurti o'quv kutubxonasining elektron manbalari, Internet orqali amalga oshirish mumkin. Rivojlangan axborot ehtiyojlari har doim ham har xil tarkibni anglatmaydi. Axborotning keng ehtiyojlari bo'lishi mumkin, ammo mazmuni sayoz, yuzaki, faqat voqealar, tabiiy va ijtimoiy jarayonlarning tashqi ko'rinishiga ta'sir qiladi, ularning mohiyatiga singib ketmasdan. Ammo ishlab chiqilgan axborotga bo'lgan ehtiyojning eng muhim sifati bu ularning doimiy tabiati va murakkablashish tendentsiyasidir.

Ammo aynan shu omillar nafaqat o'z hissasini qo'shishi, balki ushbu komponentning rivojlanishiga to'sqinlik qilishi mumkin. Masalan, tobora ko'payib borayotgan axborot hajmi bularning barchasini jismonan o'zlashtirishni imkonsiz qiladi, bu esa mavzudagi psixologik noqulaylik hissini keltirib chiqaradi, natijada o'z-o'zini tarbiyalash o'z-o'zidan paydo bo'lib, tushunchalarni, bayonotlarni, iboralarni chuqur ishlab chiqmasdan, tushunmasdan tushunadi, bu esa ma'lumotlarni uzatish jarayonini yuzaki holga keltiradi.

Aloqa, shu jumladan Internet orqali axborot kommunikatsiyalari rivojlanishi axborotni uzatishni oson va qulay qiladi, bu haqiqatan ham zarur va muhim ma'lumotlarni qidirish uchun intellektual imkoniyatlarni rag'batlantirmaydi va ijodiy fikrlashni to'xtatadi.

Axborotli shaxsning ijtimoiy ma'qullangan imidji ham ba'zi salbiy oqibatlarga olib keladi. Xabardorlik o'lchovi muhim, ammo bu fikrning intellektual chuqurligini ko'rsatmaydi. Va uning ijtimoiy jozibadorligi ko'plab faktlarni biladigan, ammo ular bilan qanday ishlashni, ularni tahlil qilishni va yangi bilimlarni ishlab chiqarishni bilmaydigan odamlar sonining ko'payishiga olib keladi. Hamma narsa eruditsiyani tashqi namoyish etishga qaratilgan.

Effektiv-amaliy komponentni ko'rib chiqishda "axborot harakati" kabi tushunchani taqdim etish muhimdir. Mutaxassislar axborot xatti-harakatlarini harakat usuli, odamlar tomonidan yangi bilimlarni olish, o'zlashtirish va ulardan foydalanish va kasbiy jamoatchilikka etkazish uchun qilingan xatti-harakatlar to'plami deb tushunadilar.

"Axborot faoliyati" va "axborot harakati" tushunchalarini farqlash kerak. Oxirgi hodisa yanada kengroq bo'lib, nafaqat ongli, maqsadga yo'naltirilgan harakatlar - axborot faoliyati, balki ongsiz reaktsiyalarning ulkan tizimini (tirnash xususiyati, qo'rquv, shubha, qiziqish, ma'qullash va hk) o'z ichiga oladi. [46] Axborot xatti-harakati turiga qarab tuzilishi mumkin: ongli yoki ongsiz, impulsiv yoki uzoq muddatli. Ongsiz ravishda axborot xatti-harakati axborot madaniyati rivojlanishining eng past bosqichidir.

Shubhasiz, samarali-amaliy komponentning muhim xususiyatlaridan biri bu axborot jarayonlarini amalga oshirish tezligi. Axborot faoliyati, allaqachon ta'kidlab o'tilganidek, aqliy va ob'ektiv darajada davom etayotganligi sababli, uni amalga oshirish tezligi har xil yo'llar bilan tavsiflanishi kerak. Aqliy darajadagi axborot faoliyatini amalga oshirish tezligi shaxsning psixofiziologik xususiyatlariga asoslanadi va birinchi navbatda ularning

---

[46] Begimkulov U.Sh. Pedagogik ta'limda zamonaviy axborot texnologiyalarini joriy etishning ilmiy-nazariy asoslari. Monografiya. -T.: Fan, 2007.

rivojlanishiga tug'ma moyillik bilan ifodalanadi.

Axborot faoliyati samaradorligi uning maqsadga muvofiqligini taxmin qiladi. Axborotni sub'ekt tomonidan ishlab chiqarish, izlash, tizimlashtirish har qanday maqsadda amalga oshirilishi kerak va maqsadga yaqinlashish darajasi uning samaradorligini belgilaydi. Axborot bilan beg'ubor ishlash (masalan, Internetda "aylanib yurish", jurnallar, gazetalar, kitoblar sahifalarida varaqlash) hech qachon natija bermaydi va shunga muvofiq ravishda axborot faoliyatining namoyon bo'lishi deb bo'lmaydi.

Axborot madaniyatining barcha tarkibiy qismlari bir-biriga bog'langan, bir-biriga bevosita ta'sir qiladi va bir-birisiz rivojlana olmaydi.Axborot madaniyatini samarali shakllantirish ta'lim vazifalarini muvaffaqiyatli hal etishga yordam beradi:

Shaxs dunyoqarashining kengligiga, uning xabardorligi o'lchoviga ta'sir qiladi;

Mantiqiy operatsiyalarni amalga oshirishga yordam beradi, fikrlashni rivojlantiradi;

Tolerantlikni, dunyoqarashning plyuralizmini rivojlantirishga yordam beradi;

Tanqidiy fikrlashni rivojlantirish orqali shaxsga ta'sir qiladi;

Axborot intellektini rivojlantiradi.

Axborot jamiyatiga o'tish ta'lim tizimini rivojlantirishning eng muhim yo'nalishini - shaxsning axborot madaniyatini doimiy ravishda takomillashtirishni talab qiladigan ilg'or ta'limni ta'kidlaydi. "Ta'lim - hayot uchun" shiori o'rniga "shior - butun hayot davomida".

Bizningcha, o'quvchilarda axborot madaniyatini shakllantirish quyidagi shartlar bajarilgan taqdirda samarali bo'ladi:

Agar axborot tayyorlash tizimi uzluksiz va murakkab bo'lsa;

Agar a pedagogik va axborot texnologiyalarini birlashtirishta'lim jarayonining asoslari;

Agar o'qituvchilar tarkibi yuqori darajadagi professional tayyorgarlikka ega bo'lsaaxborot va kompyuter texnologiyalari sohasida;

Agar o'quv rejalari va dasturlarining mazmuni ma'lum sohalar bo'yicha axborot texnologiyalarining rivojlanish tendentsiyalariga mos keladigan bo'lsa;

Agar ta'lim jarayonini avtomatlashtirishning axborot

texnologiyalari vositalari va vositalarini rivojlantirish istiqbollarini hisobga olgan holda kasb-hunar ta'limi mazmunining ilg'or xususiyati ta'minlansa;

Axborot madaniyati tushunchasi kutubxona va kitobshunoslik sohasida paydo bo'lib, rivojlanib borishi bilan bir qator fanlardan bilimlarni o'zlashtirdi: axborot nazariyasi, kibernetika, informatika, semiotika, hujjatshunoslik, falsafa, mantiq, madaniyatshunoslik, tilshunoslik va boshqalar.

Hozirgi vaqtda axborot madaniyati tobora ko'proq axborot jamiyatining o'ziga xos hodisasi sifatida talqin qilinmoqda. Ko'rib chiqish ob'ektiga qarab, axborot madaniyatini ajratish mumkin:

- jamiyat;
- axborot iste'molchilarining ayrim toifalari;
- shaxsiyat.

Axborot madaniyati keng ma'noda - bu etnik va milliy madaniyatlarning o'zaro ta'sirini, ularning insoniyatning umumiy tajribasiga bog'lanishini ta'minlaydigan tamoyillar va mexanizmlar to'plamidir; so'zning tor ma'nosida bu nazariy va amaliy muammolarni hal qilish uchun axborot bilan ishlash va iste'molchiga taqdim etishning maqbul usullari; axborotni ishlab chiqarish, saqlash va uzatishning texnik vositalarini takomillashtirish mexanizmlari; kadrlar tayyorlash tizimini rivojlantirish, insonni axborot vositalaridan va ma'lumotlardan samarali foydalanishga o'rgatish.

Jamiyatni axborotlashtirish davrida axborot madaniyati bu axborotdan foydalanish, dunyoning yangi (axborot) rasmini qurish va undagi o'z o'rnini belgilash asosida yangi hayot tarzini o'zlashtirishga tayyorlikdir. Shaxsning umumiy madaniyatining bir qismi sifatida axborot madaniyati axloq va estetika, ergonomika va axborot xavfsizligi masalalarini o'rganishi kerak (ham axborotni himoya qilish ma'nosida, ham inson ruhiyatini himoya qilish ma'nosida).[47] Axborot madaniyatining belgisi nafaqat eng xilma-xil va xilma-xil sifatli ma'lumotlarni olish, balki mavjud bo'lgan juda ko'p sonli ma'lumotlar orasidan eng muhim va kerakli narsalarni tanlash qobiliyatidir.

Axborot madaniyati insonning ijtimoiy tabiati bilan bog'liq. U uning xilma-xil ijodiy qobiliyatlari mahsuli va quyidagi jihatlarda namoyon bo'ladi:

- texnik vositalardan foydalanishning o'ziga xos

---

[47] Raxmatullayev M.A. Avtomatlashtirilgan kutubxona: O'quv qollanma. — Toshkent, 2003. — 266 b.

ko'nikmalarida (telefondan shaxsiy kompyutergacha va kompyuter tarmoqlariga);

• o'z faoliyatida axborot texnologiyalaridan foydalanish qobiliyatida;

• har xil manbalardan: davriy nashrlardan ham, elektron aloqalardan ham ma'lumot olish, tushunarli shaklda taqdim etish va undan samarali foydalana olish qobiliyatida;

• axborotni analitik qayta ishlash asoslariga ega bo'lish;

• turli xil ma'lumotlar bilan ishlash qobiliyatida;

• o'z faoliyat sohasidagi axborot oqimlarining xususiyatlarini bilish.

Aynan axborot faoliyati jarayonida odamlar axborot bilan ishlash madaniyatini, olish, qayta ishlash, saqlash va o'z vaqtida berish usullarini takomillashtiradi. Bugungi kunda menejer o'z kompaniyasining axborot madaniyati haqida qayg'urishi kerak bo'lgan uchta asosiy sabab bor.

Birinchidan, bu umumiyning tobora muhim qismiga aylanib bormoqda tashkiliy madaniyat. Ko'proq kompaniyalar iste'molchilar kutishlarini qondirishga yo'naltirilgan o'zgarishlarni amalga oshirish zarurligini anglaydilar va buning uchun ular turli xil biznes, bozor, siyosiy, texnologik va ijtimoiy ma'lumotlar bilan ishlashlari kerak.

Ikkinchidan, axborot texnologiyalari kompaniyalarda menejerlar o'rtasidagi aloqa amalga oshiriladigan kompyuter tarmoqlarini yaratishga imkon beradi, ammo bunday tarmoqni yaratish o'z-o'zidan ma'lumotdan oqilona va samarali foydalanishni kafolatlamaydi.

Uchinchidan, turli xil funktsional xizmatlar, bo'limlar va ishchi guruhlar uchun axborot madaniyati har xil, bu ma'lumot to'plash, tartibga solish, qayta ishlash, tarqatish va ulardan foydalanish jarayonlariga turlicha yondashishni anglatadi. Shuning uchun korporativ axborot madaniyati yagona boshqaruv strategiyasini ishlab chiqish uchun muhimdir. Bugungi kunda kompaniyalarda axborot madaniyatining to'rt turini uchratish mumkin .

"Axborot madaniyati" tushunchasi ko'plab tarkibiy qismlarni o'z ichiga oladi:

- yangi ma'lumotlarni izlash madaniyati;
- ma'lumotni o'qish va idrok etish madaniyati;
- ikkala axborot (kompyuter) texnologiyalari va

intellektual normallashtirilgan usullardan foydalangan holda katta hajmdagi ma'lumotlarni qayta ishlash qobiliyati (matnni tahlil qilish, kontentni tahlil qilish, tasniflash va klasterni tahlil qilish va boshqalar);

• shaxslararo kasbiy muloqotning har qanday faoliyat turidagi ahamiyatini anglash;

• aloqa kompetentsiyasi darajasini oshirishga intilish;

• boshqa odamlarning qarashlari va qarashlariga nisbatan bag'rikenglikni tarbiyalash;

• nafaqat qabul qilishga, balki bilim berishga ham tayyor bo'lish;

• buning uchun telekommunikatsiya aloqa kanallaridan foydalangan holda birgalikdagi faoliyat uchun sheriklarni topish qobiliyati;

• maqsadli auditoriyaning tayyorgarlik darajasini hisobga olgan holda o'z faoliyati natijalarini aniq va aniq taqdim etish qobiliyati;

• intellektual mulkdan foydalanishni tartibga soluvchi qoidalarni bilish.

Ommabop va ixtisoslashgan adabiyotlarda bir qator tegishli axborot savodxonligi tushunchalari, jumladan

"Kompyuter savodxonligi", Media savodxonligi va "Axborot kompetensiyasi" keng qo'llaniladi.

"Axborot savodxonligi" va "axborot madaniyati" tushunchalarini taqqoslash ularning sezilarli o'xshashligini ko'rsatadi. Ularning ikkalasi ham odamlarning axborot bilan o'zaro ta'sirining murakkab, ko'p darajali va ko'p o'lchovli hodisasini tavsiflaydi. Ikkala kontseptsiyaning tarkibida ko'plab tarkibiy qismlar ajralib turadi: ma'lumot qidirish, topilgan ma'lumot manbalarini tahlil qilish va tanqidiy baholash qobiliyatidan tortib, ta'lim, kasbiy yoki boshqa faoliyatda yuzaga keladigan turli xil muammolarni hal qilish uchun ularni ijodiy ishlatish.

Shu bilan birga, shaxsiy ma'lumot madaniyati tushunchasi axborot savodxonligi tushunchasidan kengroqdir. Axborot savodxonligidan farqli o'laroq, uning tarkibida axborot dunyoqarashi kabi tarkibiy qism mavjud bo'lib, u maxsus ma'lumot tayyorlashga bo'lgan ehtiyoj uchun shaxsning majburiy motivatsiyasini nazarda tutadi.

Axborot madaniyati - bu jamiyatning axborot resurslari va axborot kommunikatsiya vositalaridan samarali foydalanish, shuningdek, ushbu maqsadlar uchun axborot texnologiyalarini rivojlantirishning ilg'or etakchi natijalari va yutuqlaridan foydalanish qobiliyatidir.

Axborot madaniyati - bu odam egallagan bilimlar majmuasi va undan ba'zi muammolarni hal qilishda amalda foydalanish qobiliyatidir;

axborot madaniyati - bu jamiyatdagi ma'lumotlarning ishlashi va ma'lum bir shaxsning axborot sifatlarini shakllantirish bilan bog'liq bo'lgan madaniyatning alohida sohasi;

axborot madaniyati - bu axborot jarayonlarining shakllanishining o'ziga xos darajasi, axborotni yaratish, yig'ish, qayta ishlash va saqlash darajasi, odamlarning axborot kommunikatsiyasiga bo'lgan ehtiyojlarini ma'lum darajada qondirish darajasi;

axborot madaniyati - bu asosiy shaxs ma'naviy umuminsoniy qadriyatlar bo'lgan ma'lumotni qabul qilish, uzatish, saqlash va undan foydalanish sohasidagi muayyan shaxsning hayotiy faoliyatining sifat ko'rsatkichidir;

axborot madaniyati - bu insonga axborot makonida to'siqlarsiz erkin yurish, uning shakllanishida faol ishtirok etish va barcha vositalar bilan o'zaro ta'sir o'tkazishga yordam beradigan ma'lum bir bilim darajasi.

Ba'zi ekspertlarning fikriga ko'ra, axborot madaniyati ma'lum bir jamiyat, ma'lum bir millat yoki millatning rivojlanish darajasini, shuningdek, masalan, san'at madaniyati, kundalik hayot yoki mehnat madaniyati kabi faoliyatning aniq yo'nalishlarini mukammal darajada tavsiflaydi. [48]

Mutaxassislarning ta'kidlashicha, jamiyat darajasidagi axborot madaniyati beshta axborot inqilobida o'zini namoyon qildi:

Tilni aniqlash;

yozuvni topish;

tipografiyaning asoslari;

elektr energiyasini ixtiro qilish;

kompyuter texnologiyalarini qo'llash.

Zamonaviy axborot madaniyati avvalgi barcha shakllarini birlashtiradi. U ijtimoiy faoliyatning ob'ekti, natijasi va vositasi sifatida ishlaydi, insonning amaliy faoliyati mohiyati va darajasini yaxshi aks ettiradi.

Axborot madaniyati tarqoq bilim va kompyuter bilan ishlash ko'nikmalariga umuman kamaymaydi. U yangi ma'lumotlardan foydalanish va o'zlashtirishga undovchi ajralmas shaxsning informatsion

---

[48] Ganiyeva B. Kutubxona kataloglari: 0 'quv qo'llanma. — T.: Fan, 2012. - 116 b.

yo'nalishini oladi. Axborot madaniyati, mutaxassislarning fikriga ko'ra, shaxsni rivojlantirishning bir jihati sifatida qaraladi. Bu insoniy fazilatlarni universallashtirish usuli.

Axborot madaniyatini egallash insonning o'z o'rnini, o'zini va bu dunyodagi rolini haqiqiy anglashiga yordam beradi. Mutaxassislarning ta'kidlashicha, yaxshi axborot madaniyatini shakllantirish uchun ta'limga alohida ahamiyat berish zarur. Ikkinchisi axborot jamiyatida quyidagi ko'nikmalarga ega bo'lgan yangi mutaxassisni shakllantirishga hissa qo'shishi kerak: muhim ma'lumotlarni ta'kidlash, ma'lumotlarni farqlash, ma'lumotni baholash mezonlarini ishlab chiqish va ulardan mohirona foydalanish.

Shaxsda uning shakllanishi deyarli tug'ilishdan boshlanadi (yangi tug'ilgan chaqaloq radio, televizor eshitadi), maktabda davom etadi va amalda uning o'limi bilan tugaydi (axborot jamiyatida). Keksa odamlar keyingi yoshda ijtimoiylashishga majbur bo'ldilar va bu jarayon hozirgi kungacha davom etmoqda. Boshqa tomondan, frantsuz sotsiologi A. Molning fikriga ko'ra, jamiyat yoki shaxsning avvalgi madaniy merosi o'z ahamiyatini aynan ommaviy axborot vositalarining paydo bo'lishi bilan yo'qotgan. Shu bilan birga, hatto jamiyatda qabul qilingan asosiy ta'lim tizimi ham avvalgi rolini bajarishni to'xtatadi. Oddiy odam uchun oilada, maktabda yoki kollejda olgan bilimlari emas, balki uning radioda eshitganlari, televizorda yoki filmlarda ko'rganlari, reklama taxtasida yoki gazetalarda o'qiganlari, hamkasblari va qo'shnilari bilan suhbatidan o'rganganlari muhim ahamiyatga ega. Natijada, dunyoqarash va shaxs tuzilishini tashkil etuvchi avvalgi ozmi-ko'pmi ajralmas bilim va qadriyatlar tizimi o'rnini ommaviy axborot vositalari (ommaviy axborot vositalari) doimiy ta'sirida bo'lgan o'zgaruvchan munosabat majmuasi egallaydi.

Axborot madaniyatini shakllantirishda ommaviy madaniyat bilan bir qatorda telekommunikatsiya elektron texnologiyalari alohida o'rin tutadi. Aynan ular zamonaviy odamni deyarli hamma joyda o'rab turgan o'ta to'yingan axborot maydonini yaratish uchun texnik imkoniyatlarni yaratadilar, ammo uning hamma joyda mavjudligiga qaramay, uning ta'siri juda tanlangan, maqsadga muvofiqdir. Ushbu texnologiyalar paydo bo'lishi natijasida turli xil auditoriyalarga yo'naltirilgan kanallar sonini ko'paytirish yo'nalishida televidenie rivojlanishida, shuningdek, kabel va sun'iy yo'ldosh televizion eshittirishlarining tarqalishida namoyon bo'ladigan ma'lumotlarning markazlashtirilgan tarqatilishidan voz kechish yuz berdi. Agar televizor bir tomonlama aloqa tizimi bo'lsa, unda tarmoq kompyuter texnologiyalari odamlarning real vaqt rejimida (masalan, Internet) ikki tomonlama interaktiv aloqasi uchun imkoniyat yaratadi. Axborot bilan har xil usulda ish olib borishda odam o'zining asosiy bilimlarini to'ldirib, axborot madaniyatiga qo'shiladi, natijada uning madaniy hayoti boyiydi. Insonning madaniy darajasining oshishi asosan yangi voqelik - virtual muloqot sharoitida ro'y beradi. Biroq, ma'lumot almashish uchun virtual aloqadan foydalanish bir qator xususiyatlarga ega. Tabiiy aloqa va onlayn texnik vositalar yordamida aloqa qilish sharoitida sodir bo'lgan aloqa o'rtasida sezilarli farqlar mavjud. Ushbu farqlar, birinchi navbatda, aloqa turining tabiiy (to'g'ridan-to'g'ri aloqa va an'anaviy faoliyat) dan virtual (telefon, televizion, radio va boshqalar) ga o'zgarishi bilan bog'liq. Bundan tashqari, axborotni masofadan uzatish uchun ishlatiladigan texnik vositalar, ularning nomukammalligi va asosiy xususiyatlari tufayli taqdim etilgan ma'lumotlarni buzadi. Taqdim etilgan ma'lumotlarning shakli yangi va g'ayrioddiy, ayniqsa zamonaviy axborot texnologiyalari bilan unchalik tanish bo'lmagan odamlar uchun. Bu e'tiborni chalg'itadi va axborotni idrok etish samaradorligini pasaytiradi.

Aloqa turining o'zgarishi bilan bog'liq yana bir va juda salbiy tomonni ta'kidlash kerak. Virtual aloqa asosan jamiyatning nazorati ostidadir va katta miqdordagi halokatli ma'lumotlar odamlarga taqdim etiladi. Zamonaviy jamiyatda axborot xavfsizligi muammosi yangi axborot texnologiyalarini joriy etish bilan tobora dolzarb bo'lib qolmoqda, chunki axborot jamiyatining salbiy xususiyatlaridan biri bu bugungi kunda insonga tushadigan ma'lumotlar oqimidan ishonchli ma'lumotlarni aniqlash qiyinligi.

Axborot madaniyati ma'lum bir faoliyat turiga (informatika, axborot nazariyasi, matematik, ma'lumotlar bazasini loyihalash nazariyasi va boshqa qator fanlarga) rivojlanishiga va moslashishiga hissa qo'shadigan fanlarning bilimlarini o'zlashtiradi. Axborot madaniyatining ajralmas qismi bu yangi axborot texnologiyalarini bilish va uni odatdagi operatsiyalarni avtomatlashtirish uchun ham, g'ayrioddiy ijodiy yondashuvni talab qiladigan g'ayrioddiy vaziyatlarda ham qo'llash qobiliyatidir.

Bugungi kunda axborot jamiyatidagi axborot madaniyatining quyidagi asosiy xususiyatlari va xususiyatlarini ajratish mumkin:

1) axborot madaniyati - bu shaxsning jamiyatdagi

ijtimoiylashuvi jarayonining natijasi va, avvalo, uning ehtiyojlari bilan belgilanadi;

2) axborot madaniyati axborot jamiyati madaniyatining bir qismidir va unda tobora ko'proq o'rin egallaydi;

3) axborot jamiyatining axborot madaniyati virtual aloqa asosida amalga oshiriladigan axborot texnologiyalariga asoslanadi;

4) axborot texnologiyalari o'zgarishi natijasida axborot madaniyati jadal rivojlanib va o'zgarib bormoqda. Buning natijasi - axborot jamiyatidagi sotsializatsiya jarayonining uzluksizligi;

5) axborot madaniyati aloqa ustuvorligi va umumiy axborot texnologiyalari tufayli millatlararo, global xarakterga ega;

6) axborot madaniyati jamiyatdagi va shaxs faoliyatining barcha sohalaridagi shaxslararo, ijtimoiy va ishlab chiqarish munosabatlarini o'zgartiradi;

7) axborot jamiyatidagi axborot madaniyati shaxsning axborot xavfsizligining asosidir;

8) axborot madaniyatining yo'qligi yoki pastligi shaxsning jamiyatdagi ijtimoiylashuv imkoniyatlarini cheklaydi.

Zamonaviy axborot jamiyati barcha turdagi ta'lim

muassasalari va, avvalambor, maktab oldiga quyidagilarga qodir bo'lgan bitiruvchilarni tayyorlash vazifasini qo'yadi.

O'zgaruvchan hayotiy vaziyatlarga moslashuvchan moslashish, kerakli bilimlarni mustaqil ravishda egallash; ma'lumot bilan malakali ishlash;

mustaqil ravishda tanqidiy fikrlash, ular olgan bilimlarni atrofdagi haqiqatda qayerda va qanday qo'llash mumkinligini aniq anglash; yangi g'oyalarni vujudga keltira olish, ijodiy fikrlash;

do'stona bo'lish, turli ijtimoiy guruhlarda aloqa qilish, turli sohalarda birgalikda ishlash imkoniyatiga ega bo'lish;

o'zlarining axloqi, intellekti va madaniy darajasini rivojlantirish bo'yicha mustaqil ishlash.

Axborot madaniyati - bu o'quv va amaliy muammolarni hal qilish uchun zarur bo'lgan ma'lumotlarni izlash, tanlash, saralash va taqdim etish bo'yicha bilim, ko'nikma va malakalarning to'plamidir. Axborot madaniyatini olib boruvchi - bu o'zi ishlab chiqaradigan o'qituvchi va uning mehnati bilan buni qanday qilishni ko'rsatib beradi. Axborot madaniyati axborot jarayonlari va munosabatlar mohiyatini tushunishda savodxonlik va malakani o'z ichiga oladi; gumanistik yo'naltirilgan axborot-semantik soha (intilishlar, qiziqishlar, dunyoqarash, qadriyat yo'nalishlari); rivojlangan axborot aksi, shuningdek, axborot xatti-harakatlari va ijtimoiy va axborot faoliyatidagi ijodkorlik.

Insoniyatning axborot madaniyatining muhim elementlaridan biri bu axborot resurslarini bilishdir (iloji bo'lsa, ularga erkin kirish huquqini qo'lga kiriting). Mamlakatimizda ko'plab tashkilotlar ma'lumot to'plash, qayta ishlash, saqlash va tarqatish bilan shug'ullanadilar: kutubxonalar, statistika markazlari, axborot xizmatlari, ommaviy axborot vositalari. Axborot madaniyati bu axborot bilan maqsadga muvofiq ravishda ishlash va uni qabul qilish, qayta ishlash va uzatish uchun zamonaviy texnik vositalar va usullardan foydalanish.

Axborot madaniyati insonning ijtimoiy tabiati bilan bog'liq bo'lib, insonning turli xil ijodiy qobiliyatlari mahsuli va quyidagi jihatlarda namoyon bo'ladi:

Telefondan tortib to shaxsiy kompyutergacha va kompyuter tarmoqlariga qadar texnik vositalardan foydalanish bo'yicha aniq ko'nikmalar;

asosiy tarkibiy qismi ko'plab dasturiy mahsulotlar bo'lgan kompyuter axborot texnologiyalaridan o'z faoliyatida foydalanish qobiliyatida;

har xil manbalardan, ham davriy nashrlardan, ham elektron aloqa tizimlaridan ma'lumotlarni olish, tushunarli shaklda taqdim etish va undan samarali foydalana olish qobiliyatida;

axborotni analitik qayta ishlash asoslariga ega bo'lish;

turli xil ma'lumotlar bilan ishlash qobiliyatida;

ularning kasbiy faoliyatida axborot oqimlarining xususiyatlarini bilishda.

"Axborot madaniyati" tushunchasi ikki asosiy tushunchaga asoslanadi: axborot va madaniyat. Shundan kelib chiqib, bir qator tadqiqotchilar ushbu kontseptsiyani talqin qilishda "kulturologik" va "axborot" yondashuvlarini ajratib ko'rsatishni taklif qilmoqdalar. "Madaniyat" tushunchasi turli ma'nolarda ishlatiladi, uni, masalan, shaxslarning ma'lum bilim, ko'nikma, xususiyat va ko'nikmalarining kombinatsiyasi sifatida ko'rib chiqish mumkin.

Madaniyat ilg'or ijodkorlik, bilimlilik, badiiy asarlarni tushunish, tillarda ravonlik, aniqlik, xushmuomalalik, o'zini tuta bilish, axloqiy mas'uliyat va badiiy did bilan bog'liq degan umumiy fikrlar keng tarqalgan. Biz "axborot madaniyati" tushunchasini ko'rib chiqmoqdamiz. «Axborot madaniyati bu jamiyat, shaxsning umumiy madaniyatining bir qismidir. Bu axborotning o'zaro ta'siri va barcha axborot aloqalarining rivojlanish darajasi bilan tavsiflanadi».

Axborot madaniyati kontseptsiyasi shundaki, u jamiyatdagi barcha axborot jarayonlarini "texnologik qirqishini" amalga oshiradi, tadqiqotchilar e'tiborini axborot bilan ishlashning erishilgan darajasiga qaratadi, bu sohadagi o'zgarishlar yo'nalishi va tezligini baholashga imkon beradi va shu bilan uning keyingi rivojlanishini bashorat qiladi.

Axborot madaniyati tushunchasining bir necha talqini mavjud:

"Axborot madaniyati bu mavjud bilimlar to'plami va uni mazmunli muammolarni shakllantirish va hal qilish uchun amalda qo'llash qobiliyatidir"; axborot madaniyati - axborot jarayonlarini tashkil etishning erishilgan darajasi, odamlarning axborot kommunikatsiyasiga bo'lgan ehtiyojlarini qondirish darajasi, axborotni yaratish, yig'ish, saqlash, qayta ishlash va uzatish darajasi va shu bilan birga barcha turdagi axborot kommunikatsiyalarini optimallashtirishga qaratilgan faoliyat bilan bir qatorda, buning uchun eng qulay sharoitlarni yaratish shuning uchun madaniyat qadriyatlari inson tomonidan singib ketadi va uning hayot tarziga organik ravishda kiradi.

"Axborot madaniyati - axborot yondashuvidan foydalanish, axborot muhitini tahlil qilish va axborot tizimlarini samaraliroq qilish qobiliyati."

"Axborot madaniyati - bu jamiyatdagi ma'lumotlarning ishlashi va shaxsning axborot fazilatlarini shakllantirish bilan bog'liq madaniyat sohasi".

"Axborot madaniyati - bu insonning, jamiyatning yoki uning ma'lum bir qismining axborot bilan ishlashning barcha mumkin bo'lgan turlari: uni qabul qilish, to'plash, har qanday turini kodlash va qayta ishlash, shu asosda sifat jihatidan yangi ma'lumotlarni yaratishda, uni uzatishda, amalda qo'llashda mukammallik darajasi". Axborot madaniyati muayyan jamiyatlar, millatlar, millatlarning rivojlanish darajalarini, shuningdek faoliyatning aniq yo'nalishlarini (masalan, mehnat madaniyati, kundalik hayot, badiiy madaniyat) tavsiflaydi. [49]

"Madaniyatning ajralmas qismi bo'lish, umuman, axborot madaniyati insonning" ikkinchi ijtimoiy tabiati "bilan uzviy bog'liqdir. Bu uning turli qobiliyatlari mahsuli bo'lib, sub'ekt-ob'ekt munosabatlarining mazmunli tomoni bo'lib,

---

[49] Ganiyeva B. Kutubxona kataloglari: 0 'quv qo'llanma. — T.: Fan, 2012. - 116 b.

turli xil moddiy tashuvchilar yordamida o'rnatiladi. Bunda sub'ekt shaxs yoki ijtimoiy guruh - mohiyatiy amaliy faoliyat va idrok tashuvchisi sifatida tushuniladi; ob'ekt ostida - sub'ektning belgilangan faoliyati nimaga qaratilgan ". Axborot madaniyatini tashuvchisi vazifasini bajaradigan sub'ektga qarab, ikkinchisini uchta darajada ko'rib chiqish mumkin:

1. Shaxsning axborot madaniyati.

2. Jamiyatning alohida guruhlarining (ma'lum bir jamiyat, millat, yosh yoki professional guruh va boshqalar) axborot madaniyati.

3. Butun jamiyatning axborot madaniyati.

Insonning axborot madaniyati, bir qator tadqiqotchilarning fikriga ko'ra, vaqt o'tishi bilan rivojlanib boruvchi darajali tizimdir. A. Atayan insonning uchta madaniy madaniyatini ajratadi: umumiy (asosiy), professional va yuqori (mantiqiy). [50] Shaxsning axborot madaniyatining umumiy (asosiy) darajasi uchun bilimlar, ko'nikmalar va ko'nikmalar to'plamining asosiy xususiyati

---

[50] Begimkulov U.Sh. Pedagogik ta'limda zamonaviy axborot texnologiyalarini joriy etishning ilmiy-nazariy asoslari. Monografiya. -T.: Fan, 2007.

ularning sub'ektlararo tabiati, ularni har xil faoliyat turlarini o'zgartirmasdan amalda qo'llash imkoniyati bo'ladi.

Insonning axborot madaniyati professional darajasi uchun bilim, ko'nikma va malakalar o'ziga xosligi, murakkabligi, shu bilan birga cheklangan doirasi bilan ajralib turadi. Ular insonning kasbiy faoliyatiga bog'liq bo'ladi.

Axborot madaniyatining yuqori (mantiqiy) darajasi uchun bilim, ko'nikma va malakalar ham fanlararo xarakterga ega. Biroq, ular asosiylardan murakkablik darajasi bilan ajralib turadi va ijodiy fikrlash, moslashuvchanlik, tahlil va sintezni amalga oshirish qobiliyati, ilgari o'zlashtirilgan bilim, ko'nikma va malakalarni birlashtirish bilan bog'liq.

3.2. Axborot-resurslardan foydalanish asoslarining ijtimoiy muloqot va muomala madaniyatiga ta'siri

Ko'pincha axborot madaniyati tushunchasi uning ichiga boshlang'ich elementlar sifatida kiritilgan kompyuter yoki axborot savodxonligi tushunchalari bilan almashtiriladi. Kompyuter savodxonligi kompyuter va u ulangan tarmoq bilan ishlash qobiliyatini, operatsion tizimning asosiy elementlari, amaliy dasturlar, Internet qidiruv tizimlari haqida bilimlarni nazarda tutadi. Axborot savodxonligiga axborotni izlash va undan foydalanishga o'rgatish, uni himoya qilish, axborot-kommunikatsiya texnologiyalari vositalari va usullaridan foydalangan holda muloqot qobiliyatlarini o'rgatish orqali erishiladi.

Axborot madaniyati, bu avvalo, inson xulq-atvori va jamiyat taraqqiyotini boshqaruvchi ichki axborot mexanizmlarini tushunishdir. Biz shiddat bilan o'zgarib turadigan axborot texnologiyalari va kundalik hayotga joriy etilayotgan texnologiyalar ta'sirida jamiyatning barcha axborot tarkibi o'zgarayotgan davrda yashayapmiz. Ushbu jarayonlarni ko'rsatish uchun ko'plab yangi sotsiologik yorliqlardan foydalaniladi: axborot jamiyati, bilimga asoslangan jamiyat, raqamli tengsizlik va boshqalar. Biroq, ushbu va boshqa atamalarni sinchkovlik bilan tahlil qilib, biz allaqachon sodir bo'lgan va yaqin kelajakda nima bo'lishini hali to'liq bilmasligimiz aniq bo'ladi.

Buni ilgari jamiyatning axborot mexanizmlaridagi barqarorlik tegishli texnologiyalarning sust o'zgarishi bilan belgilanishi bilan izohlash mumkin. Ko'chma harflar bilan bosib chiqarish muhimligini anglash uchun deyarli bir asr vaqt ketdi. Universitetda o'z davrining axborot madaniyatini o'zlashtirgan intellektual mehnat odamlari umr bo'yi bir xil ma'lumot izlash va undan foydalanish ko'nikmalaridan foydalanganlar. Endi universitetni tugatishga ulgurmagan talabalar oldida yangi texnik vositalar, ularning ustuvorligi va ularni o'zlashtirish zarurligi to'g'risida g'oyalar turibdi.

Axborot madaniyatida yuz berayotgan o'zgarishlarni tushunmaslikning yana bir sababi, masalaning mohiyatiga kirib borish orqali emas, balki uni tugmalar darajasida egallashga intilishdir. Bu kompyuter savodxonligini o'qitishning eng keng tarqalgan usuli, ammo afsuski, u ko'pincha jamiyatdagi axborot jarayonlarini tushuntirishda uchraydi. Yarim asr ilgari kibernetikani kommunistik mafkura rad etganligi sababli bizning ilmiy foydalanishimizda ishlatilmaydigan ma'lumot so'zi hozirgi kunda shu qadar modaga aylanib ketdiki, tabiat, jamiyat va tafakkurdagi ko'plab hodisalar va jarayonlar, ma'lumotlarga eng uzoq o'xshashligi bilan, ularning nomi bilan ataladi. Va bu, o'z navbatida, ko'plab texnokratik xayollarni keltirib chiqaradi.

Ushbu sohada yana bir xavf

nisbatan yaqinda paydo bo'ldi. Jamiyat ilm-fanga bo'lgan avvalgi ishonchini yo'qotganligi sababli, ilmiy-texnik ma'lumotlar qiyin kunlarni boshdan kechirmoqda. Buning ko'plab tashqi sabablari bor - ijtimoiy, iqtisodiy, siyosiy, ekologik va boshqalar. Ular vaqtinchalik va o'zgaradi. Urushga yo'naltirilgan fan tobora jamiyatning barqaror rivojlanishi bilan bog'liq bo'lgan fan bilan almashtirilmoqda.

Shaxsning axborot madaniyati mezonlari uning axborotga bo'lgan ehtiyojini etarli darajada shakllantirish, barcha axborot resurslaridan kerakli ma'lumotlarni samarali qidirish, ma'lumotlarni qayta ishlash va sifat jihatidan yangisini yaratish, individual axborot qidirish tizimlarini saqlash, ma'lumotni etarli darajada tanlash va baholash, shuningdek: axborot kommunikatsiyasi va kompyuter savodxonligiga.

Dialektik materializmga asoslanib, biz bilim doirasining cheksizligiga va tabiat, jamiyat va tafakkur qonunlarini bilish qobiliyatiga aminmiz. Jahon ilm-fani yutuqlari to'g'risida aniq ma'lumotga ega bo'lmagan holda, hech bir fan hech qayerda rivojlana olmaydi. Va ilmiy faoliyatning ko'plab rahbarlari tomonidan qo'llabquvvatlanadigan tijoratlashtirish istagi ilmiy ma'lumotlarga ochiq kirishni cheklashga olib keladi. Rivojlangan mamlakatlarda bilimga sarmoya asosiy fondlarga sarmoyadan ustun turadi. Ammo bu fan uchun salbiy oqibatlarga olib keldi. Masalan, AQSh hukumati davlat mablag'lari hisobidan olib borilgan tadqiqot natijalari va usullarini qat'iy litsenziyalashga kirishdi. Jurnallardagi ma'lumotlarni o'z ichiga olgan ma'lumotlar bazalari ko'tarilgan narxlarda sotilmoqda. Bu maqola mualliflari va jurnal noshirlarining intellektual mulk huquqlarini buzadi.

Ilmiy-texnik ma'lumotlar va ma'lumotlarni tarqatishning jamoatchilik doirasini qisqartirish xalqaro ahamiyatga molik muhim muammo sifatida tan olingan bo'lib, u ko'plab mamlakatlarning milliy akademiyalari va YuNESKO tomonidan muhokama qilinmoqda. Bu, ayniqsa, Rossiya uchun juda muhimdir, chunki biz jahon ilmiy yutuqlari haqida ma'lumotni asosan ilmiy va texnik jurnallardan olamiz. Shu munosabat bilan, nomlanishi kompyuter va qisman axborot savodxonligini o'qitish bilan chambarchas bog'liq bo'lgan informatikaning o'zi etarli bo'lmagan pozitsiyasini eslatib o'tish o'rinlidir. Muammo shundaki, bu informatika deb atalganida emas, balki dunyoda va ayniqsa bizning mamlakatimizda informatika haqiqiy muammolari kam rivojlangan. Ammo ilmiy aloqa qonunlarini, ilmiy ma'lumotlarning tuzilishini va umumiy xususiyatlarini tushunmasdan, u sotiladigan va sotib olinadigan ma'lumotlar emas, balki ulardan faqat tijorat maqsadlarida foydalanish huquqi ekanligini tushunmasdan, ilm-fanning biron bir ijtimoiy masalalarini hal qilish mumkin bo'lmaydi. Haqiqiy informatika, ya'ni semantik ma'lumotlar haqidagi fan rivojlanmasdan turib, axborot madaniyatini tarbiyalash va shuning uchun axborot jamiyatini qurish mumkin emas. [51]

Axborot madaniyati o'z-o'zidan paydo bo'lmaydi. U o'qitilishi kerak, uning elementlari, shuningdek madaniyatning boshqa ko'rinishlari - turli xil san'at turlari yoki kundalik madaniyat turlarini idrok etish kerak. Va buni elektron aloqa vositalariga o'tishning hozirgi bosqichi murakkabligini tushuntirib, ta'limning barcha darajalarida amalga oshirish kerak. Intellektual muloqotning ijtimoiy qonunlarini anglash universitet ta'limining muhim vazifalaridan biridir. Axborot so'zi bizning davrimizda barcha tillarda va ayniqsa rus tilida eng zamonaviy hisoblanadi. Bu hozirgi tsivilizatsiya ma'lum bir moddiy farovonlikka erishganligi bilan bog'liq bo'lib, bu hayotning

---

[51] Ganiyeva B. Kutubxona kataloglari: 0 'quv qo'llanma. — T.: Fan, 2012. - 116 b.

ma'naviy tomoniga o'tishga imkon beradi. Rus tiliga kelsak, bu so'z unga nisbatan kechroq - 19-asr rus klassiklari tilida kirib kelgan. U yo'q edi. O'tgan asrda, bu 1920-yillardan beri. jurnalistlar tomonidan yangiliklar janrlaridan biri uchun atama sifatida va 50-yillarning boshidan beri ishlatilgan. kibernetikaning asosiy kontseptsiyasini belgilay boshlagani va shu tariqa u ko'plab fanlarning ilmiy muomalasiga keng kiritilganligi sababli kommunistik mafkuraning sharmandaligiga tushib qoldi.

Tirik organizmlar va mashinalarda boshqarish fani sifatida N.Viyner tomonidan yaratilgan, shuningdek, insoniyat jamiyatini boshqarishni da'vo qilgan kibernetika SSSRda burjua psevdologiyasi deb e'lon qilindi, chunki jamiyat rivojlanish qonunlari dialektik va tarixiy materializmning mutlaq ustunligi edi. Ammo kommunistik ta'limot sovet mamlakatining mudofaa qobiliyati uchun muhim ahamiyatga ega bo'lgan axborot sohasining jadal rivojlanishi bilan hisoblashmas edi. 60-yillarda. shiori e'lon qilindi: "Kibernetika - kommunizm xizmatiga". O'shanda "axborot" atamasi, dastlab taqiqlangan hamma narsalar singari, eng keng tarqalgan umumiy ruscha atamalardan biriga aylandi. Aytilganlarga amin bo'lish uchun siz juda ko'p adabiyotlarni o'qishingizga hojat yo'q - bu so'zga 1953 va 1959 yillarda nashr etilgan Buyuk Sovet Ensiklopediyasining

2-nashrining 18 va 51-jildlarida, shuningdek 10-chi kitobida qarash kifoya. uning 3-nashrining hajmi, 1972 yilda nashr etilgan.

Axborot atamasi zamonaviy ilm-fan va texnikaning eng xilma-xil tarmoqlarida, kundalik hayotda mustahkam o'rnashgan. Biroq, uning aniq va har tomonlama ta'rifi eng qiyin ilmiy vazifalardan biri bo'lib qolmoqda. Kundalik hayotda axborot - bu xabar, ishlarning holatidan xabardor bo'lish, biror narsa haqida ma'lumot. Axborotni materiya va energiya kabi kategorik tushunchalar bilan bir qatorda ko'rib chiqishga moyil bo'lgan faylasuflar uchun bu ma'lumotlar jonli va hatto jonsiz tabiatning har qanday narsalari va jarayonlarida xilma-xillikni uzatish, aks ettirishdir. Matematiklar, fiziklar va aloqa tizimidagi mutaxassislar ma'lumotni qabul qilish natijasida kamayish, noaniqlikni yo'q qilish omili va o'lchovi, kibernetika esa sintaktik, semantik va pragmatik xususiyatlarning birligida boshqaruv bilan uzviy bog'liq bo'lgan xabar sifatida ko'rib chiqadilar. Biologlar, faylasuflar kabi, ma'lumotni aks ettiruvchi, xilma-xillikni cheklaydigan narsa sifatida talqin qilish bilan kifoyalanadilar, ammo faylasuflardan farqli o'laroq, ular bu tushunchani faqat tirik tabiat bilan bog'laydilar. Sotsiologlar uchun axborotning aksiologik (ya'ni, qiymati, foydaliligi bilan bog'liq) xususiyatlari muhim ahamiyatga ega, dasturlash va kompyuter texnologiyalari mutaxassislari uchun eng muhimi bu ma'lumotni ramziy aks ettirish va boshqalar.

Axborot hodisasini tushunishga uchta yondashuv imkoniyati to'g'risida fikr shakllandi. Attributistlar ma'lumot barcha ob'ektiv haqiqat tizimlarining ajralmas atributidir, funktsionalistlar jonsiz tabiatdagi ma'lumotlarning mavjudligini inkor etadilar. Ularning fikriga ko'ra, bu hayot funktsiyalaridan biri, tirik va jonsiz o'rtasidagi asosiy farq. Antropotsentristlar ma'lumotni tizim tomonidan tashqi olamdan qabul qilingan signalning mazmuni (ma'nosi) sifatida aniqlaydilar. Signalning ma'nosi haqida va shuning uchun ma'lumot haqida faqat inson va jamiyat bilan bog'liq holda gapirish mumkin. Ushbu yondashuvlar haqida bahslashishning ma'nosi yo'q - har bir fan ma'lumotni shunday deb atashni qulay deb biladigan hodisa va jarayonlarni chaqirishi mumkin. Ammo bu turli xil jarayonlar va hodisalarning umumiy xususiyatlari va qonuniyatlariga ega ekanligi haqida hech qanday dalil yo'q, shuning uchun ushbu atamaga mos keladigan bunday yagona hodisa yoki tushuncha mavjud deb ishonish uchun hech qanday sabab yo'q. Informatika sohasi mutaxassislari uchun ma'lumotlarning tuzilishi va umumiy xususiyatlarini, shuningdek uni yig'ish, qayta ishlash, saqlash, izlash, tarqatish va ulardan foydalanish qonuniyatlarini o'rganib, ma'lumotdagi eng muhim narsa - uning semantik, semantik mazmunini e'tiborsiz qoldirish qabul qilinmaydi. Bundan tashqari, bu juda tez-tez sinonim sifatida qaraladigan va bir-biri orqali aniqlanadigan yoki talqin qilinadigan ma'lumot, ma'lumotlar, ma'lumotlar va bilim atamalarining ma'nosi va aloqalarini aniqlashtirishni talab qiladi, natijada shafqatsiz mantiqiy doira hosil bo'ladi. Uni buzish uchun ushbu so'zlardan birini aniqlab bo'lmaydigan, intuitiv deb hisoblash kerak.

Ma'lumotlar - bu ularni uzatishga, qayta ishlashga va izohlashga (ya'ni, izohlash, tushuntirish, ma'noni ochish) imkon beradigan belgi (ramziy) shaklda keltirilgan dalillar, g'oyalar, ma'lumotlar va ma'lumotlar ma'lum bo'lgan ma'lumotlarga asoslanib, odam ma'lumotlarga beradigan ma'no. unga faktlarni, g'oyalarni, xabarlarni taqdim etish qoidalari. Axborotning bunday tushunchasi uni bildiruvchi so'zning etimologiyasiga to'g'ri keladi (lot. Dan olingan ma'lumot - tushuntirish, taqdimot). Tarkibiy ma'lumot, ya'ni sabab-oqibat va boshqa munosabatlar bilan bog'lanib, tizimni tashkil etuvchi bilimlarni tashkil etadi. Ushbu talqinlardan kelib chiqadiki, agar ma'lumotlar odam tomonidan idrok etilsa va talqin qilinsa, u holda ular u uchun ma'lumotga aylanadi, ya'ni "o'z-o'zidan ma'lumot" dan ular "biz uchun ma'lumot" ga aylanadi. Ma'lumotlar ma'lum darajada savodli odamga ba'zi ma'lumotlarni etkazadigan va savodsizlar uchun tushunarsiz belgilar to'plami bo'lib qoladigan yozma xabarga o'xshashdir. Shunday qilib, axborot - bu ularni idrok etgan bir kishi amalga oshirishi mumkin bo'lgan va boshqasi tomonidan amalga oshirilmaydigan ma'lumotlarning potentsial xususiyatidir.

Mashinada ishlov berish ob'ekti bu ma'lumotlar emas, balki ma'lumotlardir, chunki biron bir mashina ma'lumotni talqin qila olmaydi, ya'ni ularni ma'lumotga aylantiradi, chunki mashina ham odam singari dunyo haqida zarur bilimlar zaxirasiga ega emas va o'ylay olmaydi. Bu ma'lumotlar va ma'lumotlar tushunchalari o'rtasidagi dialektik bog'liqlik.

Jamiyatda har xil turdagi ma'lumotlar tarqaladi. Ammo bulardan ilmiy ma'lumotlar juda muhim rol o'ynaydi, chunki ular ilm bilan uzviy bog'liqdir. Ilmiy ma'lumot terminida ilmiy ta'rifi shuni anglatadiki, bu ma'lumot ilmiy xarakterga ega bo'lgan umumiy qabul qilingan mezonlarni qondiradi (ya'ni, ob'ektiv, to'g'ri, tekshirilishi mumkin va hk), lekin faqat fan sohasida olinishi yoki ishlatilishi shart emas.

Agar biz ilmiy ma'lumot kontseptsiyasiga aniqroq va

to'liqroq ta'rif berishga harakat qilsak, unda u quyidagi shaklga ega bo'lishi mumkin: ilmiy ma'lumot - bu inson faoliyatining har qanday sohasidagi ob'ektiv dunyoni eksperimental va oqilona bilish usullari bilan olingan mantiqiy ma'lumotlar, bu ilmiy g'oyalarning ustun tizimiga zid kelmaydigan va ijtimoiy sohalarda foydalaniladi. -tarixiy amaliyot. Boshqacha qilib aytganda, biz dastlab ma'lumotni bir kishi tomonidan boshqasiga etkazilgan xabarning mazmuni, ma'nosi sifatida tushunamiz.

O'quvchilarning axborot madaniyatini shakllantirish bo'yicha zamonaviy nashrlarning tahlili shuni ko'rsatadiki, ko'plab mualliflar kompyuter fanini kelajakdagi axborot jamiyatida insonni hayotga to'liq tayyorlashni ta'minlash uchun mo'ljallangan o'quv intizomi deb bilishadi. Ushbu fan doirasida o'rganish ob'ektlari orasida tabiiy ravishda kompyuter, ma'lumotlar bazasi, telekommunikatsiya, kompyuter tarmog'i, gipermatn, multimedia, bilim bazasi, ekspert tizimi kabi tushunchalar ustunlik qiladi. Shunga ko'ra, ushbu o'quv intizomida shakllangan ko'nikmalarga kompyuterni turli xil muhit va rejimlarda, shu jumladan matn, jadval, grafik ma'lumotlarini kompyuterda qayta ishlashdan professional darajada foydalanish qobiliyati kiradi; avtomatlashtirilgan axborot resurslariga masofadan turib kirishni amalga oshirish, Internetda ma'lumot olishni tashkil etish. Ammo, asosan, informatika fanini o'rganish orqali axborot madaniyatini shakllantirishga yondashish "axborot madaniyati" tushunchasining asossiz ravishda torayishiga olib keladi. Axborotlashtirishning texnik va dasturiy ta'minoti qanday takomillashtirilmasin, insonning axborot madaniyati darajasi, birinchi navbatda, samarali axborot faoliyatini ta'minlaydigan axborotni qidirish va semantik ishlov berish sohasidagi fundamental (asosiy) bilim va ko'nikmalar bilan aniqlandi va aniqlanadi. Aynan shu bilim va ko'nikmalar, ularsiz muvaffaqiyatli ta'lim va kasbiy faoliyatni amalga oshirish imkonsiz bo'lib, ta'lim muassasalarining alohida e'tibor va e'tibor mavzusiga aylanishi kerak.

Kemerovo davlat madaniyat va san'at akademiyasi (KemGAKI) Axborot texnologiyalari fakulteti o'qituvchilarining umrbod ta'lim tizimidagi umumiy ta'lim muassasalari talabalari bilan uzoq yillik tajribasini tahlil qilish ko'rsatilgandek, abituriyentlar bilan profil suhbatlari va birinchi kurs talabalarining moslashuvini kuzatish natijalari, yosh talabalarning axborot madaniyati umumiy holati qoniqarli deb bo'lmaydi. ... Odatda, o'rta ta'lim muassasalari bitiruvchilari odatdagi axborot muammolarini hal qilishda ojiz bo'lib qolishadi: ular kutubxona kataloglari va kartotekalari tarkibini bilmaydi, ma'lumot qidirishda ularning o'ziga xos xususiyatlarini tushunmaydi, qidirish muammolarini hal qilish algoritmlarini bilmaydi, axborot so'rovlarini bajarish usulini bilmaydi, qanday qilib bilmaydi. qidiruv natijalarini to'g'ri formatlash. Maktab o'quvchilarining axborot madaniyati pastligini tavsiflovchi eng dahshatli alomat bu ularning axborot faoliyati sohasidagi layoqatsizligini anglamasligidir. Ular axborotga o'z-o'ziga xizmat ko'rsatish sohasidagi maxsus bilim va ko'nikmalarning qiymatini anglatmaydi, ushbu bilim va ko'nikmalar ularga amaliy faoliyatning turli sohalarida: ta'lim, tadqiqot, o'z-o'zini tarbiyalash, bo'sh vaqt va boshqalarda qanday haqiqiy yordam berishi mumkinligini tasavvur qilmaydi. Shaxsning axborot madaniyatini shakllantirishning yaxlit kontseptsiyasining yo'qligi, shuningdek, yosh avlodni axborot jamiyatida hayotga tayyorlash vazifasining globalligi, yoshlarning axborot madaniyatini shakllantirish muammosini - jamiyat o'z rivojlanish istiqbollari va uning kelajagini bog'laydigan ijtimoiy guruhni - milliy ahamiyatga ega. Juda keng ko'lamli vazifa tug'iladi - nafaqat axborot oqimida harakat qila oladigan, balki shaxsiy va ijtimoiy ahamiyatga molik maqsadlar uchun, shu jumladan kasbiy faoliyatni takomillashtirish, ilm-fan, texnologiya, madaniyat, ta'limni rivojlantirish uchun bilim va ma'lumotlardan unumli foydalana oladigan axborot iste'molchisini tayyorlash. Axborot madaniyati hodisasini nazariy tushunishga asoslanib, G'arbiy Sibirdagi turli toifadagi axborot iste'molchilar toifalarining (maktab o'quvchilari, talabalar, aspirantlar, o'qituvchilar, muhandislar va texnik xodimlar va boshqalar) axborot madaniyati holatini o'rganish natijasida shaxsning axborot madaniyatini shakllantirish bo'yicha jahon va mahalliy tajribani o'rganish. KemGAKI texnologiyalari barcha darajadagi ta'lim muassasalarida "Axborot madaniyati asoslari" integratsion o'quv kursini joriy etish orqali tegishli o'quv va uslubiy ta'minotni oldindan ishlab chiqish, o'quv adabiyotlarini nashr etish va o'qituvchilar tarkibini tayyorlash orqali axborot ta'lim tizimini rivojlantirish kontseptsiyasini ishlab chiqdi.[52]

Ta'lim muassasalari amaliyotida ishlab chiqilgan o'quv dasturlaridan foydalanish samaradorligi quyidagi shartlarning bajarilishiga bog'liq:

1. Barcha turdagi umumta'lim muassasalarining o'quv dasturlarida maktab o'quvchilarida o'z-o'zini axborot bilan ta'minlash sohasida bilim va ko'nikmalarning ajralmas tizimini shakllantirishga mo'ljallangan "Axborot madaniyati

---
[52] Raxmatullayev M.A. Avtomatlashtirilgan kutubxona: O'quv qollanma. — Toshkent, 2003. — 266 b.

asoslari" maxsus o'quv intizomi joriy etilishi kerak. Ushbu o'quv intizomi o'quv rejalari tarkibida majburiy maqomga ega bo'lishi kerak.

2. "Axborot madaniyati asoslari" kursini joriy etish uchun o'qituvchilar va talabalar uchun mo'ljallangan o'quv-dasturiy va o'quv-uslubiy materiallar to'plamini yaratish talab etiladi. Ushbu to'plamda dasturga kiritilgan bo'limlarning mazmuni (nazariy) qismini, mavzularini o'rganish uchun darslik bo'lishi kerak; kurs uchun amaliy ko'nikmalarni rivojlantirishga qaratilgan vazifalar, mashqlar, mashg'ulotlar, treninglar, ishbilarmon o'yinlar va boshqalar to'plami; o'quv materialining nazariy va amaliy qismlarini o'rganish uchun kompyuterni qo'llab-quvvatlash vositalari; talaba tomonidan o'quv materialini o'zlashtirish darajasini nazorat qilish (sinash) vositalari.

3. Axborot madaniyatining ajralmas qismi sifatida o'quvchilarning yangi axborot texnologiyalari sohasidagi bilim va ko'nikmalarini shakllantirish faqat turli xil profilli kompyuter sinflari tizimi shaklida maxsus ta'lim muhitini yaratish orqali amalga oshirilishi mumkin. Bunday kompyuter sinflari nafaqat shaxsiy kompyuterlarning imkoniyatlari haqida umumiy g'oyani shakllantirishga, balki matnli, jadvalli, grafik ma'lumotlarni, shuningdek, Internet

tarmog'idan foydalangan holda tarmoq axborot texnologiyalarini qayta ishlash sohasida ishonchli bilim va ko'nikmalarni berishga imkon berishi kerak. Maktab o'quvchilarini yangi axborot texnologiyalari sohasida o'qitishni tashkil etish "Axborot madaniyati asoslari" va "Informatika asoslari" kurslarining mazmuni bo'yicha davlat standartlari darajasida muvofiqlashtirishni talab qiladi.

4. "Axborot madaniyati asoslari" kursini umumta'lim muassasalari amaliyotiga tatbiq etishning muvaffaqiyati, asosan, turli toifadagi talabalar bilan mashg'ulotlarni professional asosda o'tkazishga qodir o'qituvchilarning maxsus tayyorgarligini tashkil etish darajasiga bog'liq. Axborot madaniyati bo'yicha pedagog kadrlarni maxsus tayyorlashni tashkil etish zarurligi o'qituvchilar va kutubxonachilarning sotsiologik so'rovi davomida olingan ma'lumotlar bilan tasdiqlanadi. Maktab o'qituvchilari va kutubxonachilarning o'zini o'zi baholash natijalarini tahlil qilishdan ko'rinib turibdiki, ularning axborot madaniyati darajasi yuzaki deb belgilanadi. Respondentlarning 90% dan ortig'i axborot madaniyati darajasini shunday baholadi. Shu bilan birga, respondentlarning mutlaq ko'pchiligi "Axborot madaniyati asoslari" o'qituvchilari uchun o'rta va oliy o'quv yurtlari bazasida maxsus treninglar o'tkazish zarurligiga

ishonch hosil qilishdi. [53]

Madaniyat - bu shaxs va jamiyat bo'lishning eng muhim xususiyatlaridan biri, "insonning odamdagi o'lchovi", shaxsning asosidir. So'nggi o'n yilliklarda yangi axborot texnologiyalarining jadal rivojlanishi madaniyatning zamonaviy dunyodagi mavqeini xarakterlovchi jihatlariga qiziqishni kuchaytirdi. Keng ma'noda axborot madaniyati ijtimoiy qabul qilish, uzatish, saqlash va undan foydalanish sohasidagi ijtimoiy-tarixiy universal, inson hayotining sifat xususiyatini anglatadi. Insoniyat tarixida axborotni saqlash va uzatishning og'zaki (marosim turi), yozma va ekran kabi fundamental usullari namoyish etilgan. Shunga ko'ra, insonning axborot faoliyati va axborot munosabatlaridagi bilimlari, ko'nikmalari va bilimlari har doim uning umumiy madaniyati va ijtimoiy mavqei to'g'risida guvohlik berib kelgan. Ammo faqat zamonaviy sharoitda, "ekran" madaniyati rivojlanish bosqichida axborot madaniyati falsafiy va ilmiy nutqning mavzusiga, maqsadga muvofiq amaliy harakatlar sohasiga, shu jumladan ta'lim tizimiga aylandi. Uning hozirgi bosqichdagi rivojlanishi, avvalo, shaxsning maxsus axborot

---

[53] Ganiyeva B. Kutubxona kataloglari: 0 'quv qo'llanma. — T.: Fan, 2012. - 116 b.

fazilatlarini shakllantirish bilan bog'liq. "Shaxsning axborot madaniyati" tushunchasini aniqlashga turli xil yondashuvlar mavjud. Tor ma'noda u axborot bilan ishlashning optimal usullari, axborot bilimlari, ko'nikma va malakalari to'plami sifatida tavsiflanadi. Albatta, bunday ta'riflar kontseptsiyaning to'liq mazmunini ochib bermaydi, uni texnologik tomondan cheklaydi.

Zamonaviy tadqiqotlarda kengroq talqinlar taklif etiladi. Shunday qilib, E.P. Semenyuk axborot madaniyatini bir butun sifatida jamiyat madaniyatidagi barcha axborot jarayonlari va mavjud axborot munosabatlari darajasini ob'ektiv tavsiflovchi insoniyat madaniyatining axborot komponenti sifatida tushunadi. Shunga ko'ra, shaxsning axborot madaniyati inson, jamiyat yoki uning ma'lum bir qismi ma'lumot bilan ishlashning barcha mumkin bo'lgan turlari: uni qabul qilish, to'plash, har qanday turini kodlash va qayta ishlash, shu asosda sifat jihatidan yangi ma'lumotlar yaratishda, uni etkazishda va undan foydalanishda mukammallik darajasi sifatida tavsiflanadi.

Shaxsning axborot madaniyatini insonning umumiy madaniyatining eng muhim tarkibiy qismi sifatida tushunish unda uning uchta tarkibiy qismi - kognitiv, amaliy va qadriyatning nafaqat texnologik, balki mafkuraviy tarkibiy qismini ham tizimli birligida ta'kidlash zarurligiga olib keladi. Kognitiv tarkibiy qism axborotga bo'lgan ehtiyojning darajasi va mazmuni, jamiyatdagi axborotning o'rni to'g'risida xabardorlik, axborot muhiti qonunlari va axborot faoliyatini tartibga soluvchi qoidalarni bilish, o'z faoliyat sohasidagi xususiyatlarini anglash bilan tavsiflanadi. Amaliy tomon insonning ma'lumotni bilimga aylantirish va uni kundalik va kasbiy faoliyatda qo'llash qobiliyatiga asoslanadi, axborot va psixologik o'zini himoya qilish madaniyatini o'z ichiga oladi. Qiymat komponentining mazmuni, uning foydaliligi va haqiqati uchun ma'lumot tanlash va baholashning shaxsiy mezonlarini, axborot faoliyati etikasi, axloqiy xatti-harakatlar va faoliyatning ijobiy stereotiplarini o'z ichiga oladi. Shunday qilib, insonning axborot madaniyati - bu axborot faoliyatida, uning ushbu faoliyat sub'ektlari va umuman axborot muhiti bilan munosabatlarida insonning umumiy madaniyatini aktuallashtirish. Bu insonning axborot faoliyati va axborot sohasi bilan bog'liq madaniy rivojlanish darajasini ifodalovchi sifat xususiyatidir.

Axborot madaniyatini uch darajada - kognitiv, xulq-atvor va qadriyat-me'yoriy darajalarda ko'rib chiqish mumkin, ikkinchisi esa axborot va atrof-muhit faoliyati va munosabatlarning sub'ekti sifatida insonning ma'naviy qiyofasini belgilaydigan tayanch vazifasini bajaradi. Qadriyatlar sub'ekt tomonidan hissiy jihatdan o'zlashtirilgan ijobiy shaxsiy ahamiyatga ega, faoliyatning ichki yo'naltiruvchi nuqtasi sifatida ishlaydi. Qiymat-me'yoriy tarkibiy qism asosan kognitiv va amaliy axborot faoliyatining xususiyatini belgilaydi: yangi bilimlarni rivojlantirish va ko'nikmalarni egallash, ularni yangi axborot vositalaridan foydalanish jarayonida har kuni amaliy qo'llash. Aksiologik o'lchov axborot muhitining sifatiga, ma'lumotlarning tarkibiga, axborot munosabatlarining sub'ektlarining o'ziga, axborot makonida o'zini tutish normalari va talablariga ega bo'lishi mumkin.

Shaxsning axborot madaniyatini rivojlantirish o'lchovi nafaqat erkinlikda, balki mas'uliyat bilan ham o'z ijodiy salohiyatini ochish qobiliyati va imkoniyatidadir, zamonaviy axborot muhitida ularning ahamiyati ayniqsa ortib bormoqda. So'nggi paytlarda yangi axborot texnologiyalarini o'z ichiga olgan ijodkorlikning katta salohiyati haqida ko'p gapirilmoqda. Darhaqiqat, yigirmanchi asr insoniyatga bir qator paradokslarni taqdim etdi, ularning eng kichigi zamonaviy tsivilizatsiya rivojlanishining gumanistik paradigmasi deb nomlangan. G'arb futurologlari ko'rsatgan axborot jamiyati konturlari erkin, bilimli va ijodkor shaxs atrofida ishonchli tarzda barpo etmoqda. Ushbu kontseptsiya asosida insoniyatning yangi axborot texnologiyalarini joriy etish bilan bog'liq istiqbollari juda optimistik ko'rinishga ega. Darhaqiqat, axborotni saqlash va uzatish imkoniyatlari tobora ortib bormoqda, unga kirish imkoniyati yanada oshmoqda. Odatiy operatsiyalar kompyuterga o'tkazilib, odamning ijodiy faoliyati uchun vaqt ajratadi. Keyinchalik murakkab muammolarni hal qilish imkoniyatlari paydo bo'lib, inson aql-idroki tobora mustahkamlanib bormoqda. O'zgarishlar ta'lim tizimi uchun alohida ahamiyatga ega. Talabalarga yo'naltirilgan ta'limga o'tishning yangi shartlari paydo bo'lmoqda.

Shu bilan birga, insonparvarlikdan chiqarish inson, shaxs va erkinlik to'g'risida juda ko'p gapirilgan va yozilgan davrda ijtimoiy-madaniy o'zgarishlarning vektoriga aylandi. Virtual dunyo tobora kundalik haqiqatga aralashib, odamlarni o'z qoidalari bilan o'ynashga majbur qilmoqda. Virtuallashtirish kundalik hayotga va siyosatga, urushga va odamlar o'rtasidagi munosabatlar sohasiga ta'sir ko'rsatdi. Kompyuter eskapizmning yangi halokatli shaklini, odamning nafaqat real dunyodagi boshqa odamlardan, balki o'zidan ham parvozini yaratadi. Madaniyatni "arxaizatsiya qilish" ning yana bir bosqichi qayd etilgan. To'g'ri, an'anaviy madaniyat afsona orqali dunyoni antropomorfizatsiya qilib, unga sub'ektning fazilatlarini inobatga olgan va shu kabi munosabatlar imkoniyatini nazarda tutgan. Zamonaviy arxaik - bu sub'ektning xususiyatlari va fazilatlarini virtual belgi haqiqati foydasiga begonalashtirishdir. Shu bilan birga, inson-kompyuter tizimi uchun ta'kidlangan animatsiya fenomeni, begonalashishni engib chiqishning mumkin bo'lgan usullaridan biridir. [54]

Jamiyatning axborotlashtirilishi, shuningdek, shaxsning axborotni yo'naltirmaslik muammosini keltirib chiqardi. Axborotdan oson foydalanish yangi bilimlarni rivojlantirishda mustaqillikni rad etishga olib keladi, tasdiqlanmagan, ba'zida sifatsiz materiallardan foydalanishga sabab bo'ladi. Eng muhim tamoyillardan biri - axborot erkinligi - uning sifatini kafolatlashning hal qilinmagan muammosini keltirib chiqardi. Fikrlash tejamkorligi printsipi g'olib chiqadi, o'quv va ilmiy ma'lumotlarni izlash, qayta ishlash va tahlil qilish jarayonlariga stereotiplarni kiritadi. Shuni ta'kidlash kerakki, ushbu muammoni hal qilishning imkoniyatlaridan biri shaxsning axborot madaniyatini shakllantirishda, mustaqil ravishda, tanlangan faoliyatga tanqidiy yondashish, uni tanlab olish, uni faoliyatga

---

[54] Axundjanov E.A. Kutubxonashunoslik, arxivshunoslik ishining nazariyasi va tarixi: 0'quv qo'llanma. — T.: Ma'naviyat, 2010. - 556 b.

aylantirgan bilimga aylantirish qobiliyatidir.

Zamonaviy insonning axborot madaniyatidagi o'zgarishlarning mohiyatini butun jamiyatning axborot madaniyatidagi qiymat o'zgarishiga murojaat qilmasdan tushunish mumkin emas. Shunday qilib, qadriyatlarni yanada jonlantirish, sog'liqni saqlash, jismoniy va iste'mol muammolarini ommaviy madaniyat elementiga aylantirish amalga oshiriladi. Hayotiy qadriyatlar tarkibida insonning axborot xavfsizligi kontseptsiyasi alohida rol o'ynay boshlaydi, bu axborot makonida inson ekologiyasi muammolarini yanada rivojlantirishni nazarda tutadi. Ijtimoiy o'zaro ta'sirlarning virtual makonidagi axloqiy qadriyatlarga alohida o'lchov beriladi, bu erda shaxssizlanish, noma'lumlik odatiy holga aylanadi va shuning uchun odam mas'uliyatsizlik sinovidan o'tadi. Axborot faoliyatida estetik qadriyatlar ham muhim rol o'ynaydi. Axborotni namoyish etish shakllari, shuningdek an'anaviy va yangi san'at turlari tomonidan yaratilgan badiiy qadriyatlarni baholash mumkin. Ijtimoiy va tashkiliy qadriyatlar tarkibida (siyosiy va huquqiy) ommaviy axborot vositalarining ahamiyati ortib bormoqda, ularning sifat jihatidan yangilanishi yangi axborot texnologiyalari tufayli amalga oshiriladi. Bunday sharoitda ushbu turdagi ma'lumotlarning ikkilamliligi kuchayadi, masalan, uning sifati pasayishi va uning ommaviy iste'molchisining axborot madaniyati rivojlanmaganligi fonida xilma-xillikning o'sishi.

Insonning axborot madaniyati ikki darajada - umumiy va professional sifatida ko'rib chiqilishi mumkin, ikkinchisining roli esa tobora ortib bormoqda. Axborotni ommaviy ishlab chiqarish va iste'mol qilish, uni doimiy ravishda yangilab borish sharoitida zamonaviy malakali mutaxassisga qo'yiladigan talablar o'zgarib bormoqda. U nafaqat kasbiy bilim, ko'nikma, mahoratga, balki kengroq ma'noda maxsus madaniyatga - bilim, fikrlash, ta'lim va o'zini o'zi tarbiyalashga ega bo'lishi kerak. Insonning axborot madaniyati bu shunchaki kompyuter, dasturiy ta'minot va h.k.lar bilan ishlash mahorati emas. Avvalo, bu bilimlarni o'zlashtirish madaniyati, bilish faoliyatining an'anaviy va zamonaviy usullarini birlashtirish qobiliyati. Bu axborot muhitida professional harakatchanlik va moslashuvchanlikning yuqori darajasi, jamiyatning axborot xavfsizligi uchun mas'uliyat, axborot sohasidagi professional hamjamiyatdagi umumiy muomala madaniyati. Shuningdek, yangi axborot texnologiyalarini rivojlantirish istiqbollari, ularning zamonaviy jamiyat hayotiga fundamental ta'sirini tushunish kerak.

Tadqiqotlar shuni ko'rsatadiki, XXI asrda

tsivilizatsiya rivojlanishining eng muhim vazifalaridan biri bu informatika va axborot texnologiyalari sohasidagi ilmiy-texnik taraqqiyot yutuqlariga adekvat bo'ladigan jamiyatning yangi axborot madaniyatini shakllantirishdir. Insoniyat jamiyati tarixi ishonchli tarzda guvohlik beradiki, faqat jamiyat madaniyati tomonidan qabul qilingan va uning ajralmas qismiga aylangan ixtirolar, kashfiyotlar va yangiliklar o'zlarining amaliy qo'llanilishini tezda topdilar.

Boshqa yangiliklarni joriy etish ko'pincha uzoq vaqtga qoldirildi. Shu sababli, zamonaviy dunyoda ijtimoiy-iqtisodiy rivojlanish va mamlakatning milliy xavfsizligini ta'minlashning eng muhim sharti sifatida qaraladigan jamiyatning axborot madaniyati uning muvaffaqiyatli axborot rivojlanishining asosiy omili hisoblanadi. Axborot jamiyatiga o'tish munosabati bilan insonning umumiy madaniyatiga yana bir toifa - axborot madaniyati qo'shildi.

Axborot madaniyati bu axborot bilan maqsadga muvofiq ravishda ishlash va uni qabul qilish, qayta ishlash va uzatish uchun zamonaviy texnik vositalar va usullardan foydalanish. 21-asr odamining axborot madaniyati quyidagilarda namoyon bo'ladi: - turli xil texnik vositalardan foydalanish qobiliyatida - telefondan shaxsiy kompyutergacha va kompyuter tarmoqlariga - axborot texnologiyalariga egalik qilish qobiliyatida - gazetalardan, kompyuter aloqalaridan ma'lumotlarni qidirishda - axborotni qayta ishlashning turli xil usullarini bilishda - ma'lumotni tushunarli shaklda taqdim etish qobiliyatida (inson qiyofasiga biror narsaning reklamasini qo'shish).

Insonning axborot madaniyati mezonlari:

1. ma'lumotga bo'lgan ehtiyojingizni etarli darajada shakllantirish qobiliyati;

2. barcha axborot resurslari to'plamidan kerakli ma'lumotlarni samarali qidirish;

3. axborotni qayta ishlash va sifat jihatidan yangisini yaratish;

4. individual axborot qidirish tizimlarini saqlash;

5. ma'lumotni etarli darajada tanlash va baholash;

6. muloqot qilish qobiliyati va kompyuter savodxonligi.

Axborot madaniyatini amalga oshirish darajasi:

1. kognitiv daraja - bilim va ko'nikmalar;

2. emotsional-qiymat - munosabat, baholash, munosabat;

3. xatti-harakatlar - haqiqiy va potentsial xatti-harakatlar.

Axborot texnologiyalari va madaniyat o'rtasida yaxshi aloqalar mavjud. Shuni yodda tutish kerakki, Internet nafaqat madaniy ma'lumotni tarqatish usuli, balki uni yaratadi. Biz Internet tarmog'ining demokratizatsiyasini kuzatishimiz mumkin, bu foydalanuvchilarning kerakli ma'lumot manbalariga kirish imkoniyatlarini kengaytirishga imkon beradi. Shuning uchun biz butun dunyo tarmog'idan bepul foydalanishda keladigan ma'lumotlarning sifati haqida o'ylashimiz kerak. Bizning davlatimiz fuqarolari ushbu masalaga nisbatan qanchalik demokratik munosabatda bo'lishidan qat'i nazar, biz uchun hali ham davlat bu ma'lumotlarning sifatini, ishonchliligini sinab ko'rish uchun ba'zi bir oqilona usullarni (albatta, ruxsat etilgan chegaralar doirasida) qabul qilishi kerak ko'rinadi.

  Zamonaviy texnologiyalarning jadal rivojlanishi hatto san'at sohasiga ham ta'sir ko'rsatdi: elektron musiqa va grafikalar sohasida ishlaydigan rassomlarning yangi avlodi paydo bo'ldi. Agar ilgari musiqachi yoki rassom bo'lish uchun iste'dod va o'qish yillari, o'qitish va h.k.lar zarur bo'lgan bo'lsa, bugungi kunda axborot texnologiyalarining ma'lum kurslarini eng qisqa vaqt ichida tugatish kifoya. Ma'lum bo'lishicha, deyarli har bir kishi madaniy asarlar yaratishi mumkin. Bundan tashqari, eng past sifatli mahsulotlarni ommaviy ko'rish va foydalanish uchun tarmoqqa joylashtirish mumkin. Bir tomondan, bu erda ba'zi bir insonparvarlik motivlari mavjud: ma'lumot olish uchun sharoitlarni tenglashtirish, ijod erkinligi va boshqalar. Ammo bu borada Internet ekologiyasi, intellektual mulk masalalari va boshqalar bilan bog'liq savollar tug'iladi.

Avvalo, aholini xakerlik harakatlaridan himoya qilish choralarini ko'rish zarur, bu albatta, bu ham ma'lum bir submulturaning turi. Boshqa tomondan, kompyuterlashtirishning yuqori darajasi bilan maqtana olmaydigan davlatlarga nisbatan teng huquqlar va imkoniyatlar zarur. Darhaqiqat, bu borada ancha rivojlangan ayrim mamlakatlar axborot texnologiyalarini o'zlashtirish va takomillashtirish borasida yutuqlarga erishayotgan bo'lsalarda, rivojlanayotgan mamlakatlar jahon yutuqlaridan foydalanish imkoniyatini juda cheklashadi. Mantiqan yana bir savol tug'iladi: ushbu yangiliklarni qabul qilishni istamagan davlatlar va xalqlar bilan nima qilish kerak? Ma'lumki, ularning zaruriyati va mulohazakorligi ko'pchilik tomonidan tasdiqlanganligi sababli, ularni o'rnatish mumkin emas. Biz ularni shu tarzda cheklaymizmi? Ular abadiy izolyatsiyada qolishlari mumkin. Bu yana biron bir savolga birovning huquqlarini buzmasdan aniq javob berish qiyin. Yuqorida aytib o'tganimizdek, postindustrial (axborot) jamiyatdagi asosiy tendentsiyalardan biri globallashuv bo'lib, uning o'sishida axborot texnologiyalari muhim o'rin tutadi. Globallashuv jarayoni orqaga qaytarilmasligi aniq va uning tezligini to'xtatish imkoniyati bo'lishi ehtimoldan yiroq emas. Ushbu tendentsiya ko'pincha madaniyatlarning birlashishiga olib keladi. Zamonaviy jamiyatda an'anaviy madaniy qadriyatlarni unutish xavfi mavjud. Shu sababli, bizning oldimizda turgan asosiy vazifalardan biri bu turli xalqlarning madaniy merosini saqlashdir. Ushbu ehtiyoj bilan bog'liq holda axborot texnologiyalaridan foydalanish nihoyatda muhimdir. Ushbu faoliyat ikki yo'nalishda amalga oshirilishi mumkin. Birinchidan, axborot texnologiyalari tufayli raqamlashtirish orqali madaniy meros (madaniy yodgorliklar, turli xil asarlar) kelajak avlodlar uchun saqlanib qolishiga amin bo'lishimiz mumkin. Bundan tashqari, axborot texnologiyalari (xususan, elektron manbalarga, Internetga bepul kirish) kerakli ma'lumotlarni yanada intensiv uzatishga imkon beradi. Ikkinchidan, axborot texnologiyalari ko'pincha o'tgan voqealarni tiklashga, ma'lum bir hodisaning genezisini ochishga yordam beradi. Madaniy va tarixiy tadbirlarning yangi modellarini prognoz qilish mumkin bo'ladi; madaniy jarayonlarning umumiy qonuniyatlarini aniqlash va aniqlash mumkin. Zamonaviy axborot madaniyati juda ko'p yangi ma'lumotlarni ishlab chiqaradi. Binobarin, uni qayta ishlash va tanlashga ehtiyoj bor. Ushbu muammoni hal qilish uchun zamonaviy axborot texnologiyalaridan foydalanish ham mantiqan to'g'ri keladi.

Zamonaviy axborot madaniyati juda ko'p yangi ma'lumotlarni ishlab chiqaradi. Binobarin, uni qayta ishlash va tanlashga ehtiyoj bor. Ushbu muammoni hal qilish uchun zamonaviy axborot texnologiyalaridan foydalanish ham mantiqan to'g'ri keladi.

Shunday qilib, bizga o'xshab ko'rinib turibdiki, yuqorida aytilganlarning barchasi madaniyatshunoslik sohasida axborot texnologiyalaridan foydalanish maqsadga muvofiqligini tasdiqlaydi. Zamonaviy axborot texnologiyalari madaniy qadriyatlarni raqamlashtirish imkoniyatini beradi, bu nafaqat tadqiqotchining o'rganish ob'ektiga kirishini osonlashtiradi, balki iqtisodiy ahamiyatga ega - vosita narxini pasaytiradi. Geografik joylashuvidan qat'i nazar, biz turli xil ma'lumot manbalariga ega bo'lamiz. Axborot texnologiyalari kerakli ma'lumotlarni tahlil qilish, qayta ishlashda ham yordam beradi. Zamonaviy texnologiyalar yordamida biz mavjud ma'lumotlarni tizimlashtirishimiz, turli xil elektron kutubxonalar, kataloglar, entsiklopediyalar, tematik to'plamlar, to'plamlar va boshqalarni yaratishimiz mumkin.

Kulturologlarni o'qitish va o'qitish jarayonida axborot

texnologiyalarini qo'llashga kelsak, bu borada imkoniyatlar ham juda keng. Avvalo, telekommunikatsiyalarning rivojlanishi bilimlarni egallashda, nogironlarni rivojlantirishda yangi imkoniyatlar ochadi. Darhaqiqat, axborot texnologiyalari tufayli biz vaqt va geografik joylashuvga bog'liqlikni kamaytirmoqdamiz. Axborotdan foydalanish sifati yaxshilanmoqda. Internet-resurslarning rivojlanishi bilan bog'liq holda ta'limning mutlaqo yangi shakllari paydo bo'lmoqda - masalan, masofaviy o'qitish. Bu fakt aholining keng doiralari uchun ma'lumot mavjudligini ko'rsatadi.

"Axborot madaniyati - bu insonga axborot makonida erkin harakatlanish, uni shakllantirishda ishtirok etish va axborot bilan o'zaro aloqalarni rivojlantirishga imkon beradigan bilim darajasi".

"Axborot madaniyati - bu insonning, jamiyatning yoki uning ma'lum bir qismining axborot bilan ishlashning barcha mumkin bo'lgan turlari: uni qabul qilish, to'plash, har qanday turini kodlash va qayta ishlash, shu asosda sifat jihatidan yangi ma'lumotlarni yaratishda, uni uzatishda, amalda qo'llashda mukammallik darajasi". «Axborot madaniyati muayyan jamiyatlar, millatlar, millatlar, shuningdek faoliyatning aniq yo'nalishlari (masalan, mehnat madaniyati, kundalik hayot, badiiy madaniyat) ning rivojlanish darajasini tavsiflaydi.

Yuqorida aytib o'tilganlarni umumlashtirib aytganda, axborot madaniyatini odamlar o'rtasidagi axborot aloqalari davrida jamiyatdagi axborot munosabatlari rivojlanishida erishilgan daraja, shuningdek, erishilganlik darajasi va rivojlanish tendentsiyalari qayd etilgan odamlar hayotining o'ziga xos sohasi (axborot sohasi) deb ta'riflash mumkin.

Jamiyat darajasida axborot madaniyati beshta axborot inqilobida namoyon bo'ladi:

1. til ixtirosi;

2. yozuv ixtirosi;

3. kitob bosib chiqarish ixtirosi;

4. elektr energiyasi ixtirosi;

5. kompyuter texnologiyalari, yangi axborot texnologiyalari ixtirosi. [55]

Hozirgi kunda zamonaviy jamiyat ko'pincha axborot jamiyati deb nomlanadi, chunki unda aylanayotgan ma'lumotlarning roli va miqdori tez sur'atlar bilan o'sib

---

[55] Axundjanov E.A. Kutubxonashunoslik, arxivshunoslik ishining nazariyasi va tarixi: O'quv qo'llanma. — T.: Ma'naviyat, 2010. - 556 b.

bormoqda va ularni saqlash, tarqatish va ulardan foydalanish uchun barcha zarur vositalar mavjud. Axborot iste'molchilarga (unga qiziquvchi odamlar va tashkilotlar) osongina va tezda yetib boradi va ularga tanish bo'lgan shaklda beriladi. Shaxsiy darajada axborot madaniyati axborot muhitida namoyon bo'ladi, bu har qanday vaqtda va har qanday joyda olingan bilimlarga kirish muammolarini hal qilishga imkon beradi. Shu bilan birga, axborot foydalanuvchisi axborot muhiti bilan o'zaro aloqada qandaydir ijtimoiy rolni shaxssiz ijrochisi sifatida emas, balki o'zining shaxsiy ijodiy tanloviga ega, o'z fikrlash jarayonida faol aks ettirishga qodir shaxs sifatida harakat qiladi. Shaxsning axborot madaniyatining tarkibiy qismi sifatida doimiy va tizimli o'z-o'zini tarbiyalash muammosi mavjud, ya'ni "ta'lim hayot uchun emas, balki butun hayot davomida", bu zamonaviy jamiyatda ham juda dolzarbdir. Mustaqil kognitiv faoliyat inson malakasini doimiy ravishda takomillashtirish va takomillashtirish hamda hayot davomida ta'lim muassasalaridan olgan bilimlarni boyitishga imkon beradi. Bunga hozirda rasmiy va norasmiy ta'lim turlarining yaqinlashuvi va o'zaro aloqasi yordam beradi, ya'ni axborot madaniyati darajasining doimiy o'sishiga hissa qo'shadigan universal ijtimoiy-madaniy muassasalar (kutubxona markazlari, muqobil maktablar, innovatsion muassasalar) paydo bo'ladi. Shaxsning axborot madaniyati mezonlari uning axborotga bo'lgan ehtiyojini etarli darajada shakllantirish, barcha axborot resurslaridan kerakli ma'lumotlarni samarali qidirish, ma'lumotlarni qayta ishlash va sifat jihatidan yangisini yaratish, individual axborot qidirish tizimlarini saqlash, ma'lumotni etarli darajada tanlash va baholash, shuningdek: axborot kommunikatsiyasi va kompyuter savodxonligiga. Axborot madaniyati mezonlari tabiiy va ijtimoiy voqelikni bilishning o'ziga xos mezonlari sifatida ishlaydi, ular aks ettirish ob'ektlarini o'zlashtirishning o'ziga xos vositalarining rivojlanish darajasining ko'rsatkichlari bo'lib xizmat qiladi. Jamiyat hayotida bu turli rejalarda namoyon bo'ladi. Birinchidan, axborot madaniyati bilish jarayonini rivojlantiradi va madaniyat yaratuvchi inson faoliyatini ob'ektivlashtiradi. Ikkinchidan, u madaniy haqiqatni inson tomonidan o'zlashtirishda, insoniyat rivojlangan barcha boyliklarni o'zlashtirishda faol ishtirok etadi. Uchinchidan, axborot madaniyati - bu haqiqatning o'zi, to'g'ridan-to'g'ri madaniy mavjudlikning qiymati va atributi, shaxsni davlat va butun dunyo bilan bog'laydigan zaruriy shart.

Axborot madaniyatini uning tuzilishi nuqtai nazaridan ko'rib chiqib, A.P. Suxanov axborot faoliyatining yo'nalishlariga mos ravishda uning namoyon bo'lishining turli yo'nalishlarini ajratib ko'rsatmoqda. Amalda transformatsion faoliyatni texnologik, tashkiliy-ishlab chiqarish, boshqaruv ma'lumotlari, ishlab chiqaruvchilarning mehnat jarayonida og'zaki aloqasi to'g'risidagi ma'lumotlar va boshqalar osonlashtiradi. Insonning kognitiv faoliyati ilmiy va o'quv, ilmiy-ommabop, badiiy va kognitiv ma'lumotlarni yaratdi va yaratadi. Bunga empirik va nazariy bilimlar, tabiiy, ijtimoiy va texnika fanlari sohasidagi ma'lumotlar, shuningdek, ilmiy va bilim jarayonidagi og'zaki belgilar tomoni kirishi kerak.

Axborot madaniyati - bu axborot faoliyati natijasi va uni muvaffaqiyatli amalga oshirishning zaruriy sharti. Axborot madaniyati kontseptsiyasida axborot faoliyati rivojlangan, ichki differentsiyalangan butunlik darajasida belgilanadi va o'ziga xos tarkibni oladi. Shuning uchun, axborot madaniyatining o'ziga xos belgilari va xususiyatlarini hisobga olmasdan, olingan nazariy model maxsus fanlarda axborot faoliyatini o'rganish uchun foydalanilganda etarli darajada samarali bo'lmaydi. Bundan kelib chiqadiki, axborot faoliyati to'g'risida tizimli tushunchani konkretlashtirishda muhim qadam axborot madaniyati g'oyasiga o'tishdir.

Axborot faoliyati nazariyasi toifalari tizimiga "axborot madaniyati" tushunchasini kiritishning uslubiy vositasi, kiritilgan tushunchaga nisbatan umumiy bo'lgan madaniyatning falsafiy tushunchasi. Axborot madaniyati tushunchasini "madaniyat" kategoriyasi bilan o'zaro bog'lash zarurati ba'zi mualliflar ularni identifikatsiyalashiga bog'liq. Shunday qilib, I. Shirshov shunday yozadi: "Madaniyat deganda biz ilmiy-badiiy matnlarda (ma'naviy madaniyat) sub'ektiv-hissiy shakllanishlarda, amalda (moddiy madaniyat) yoki oddiy yoki ixtisoslashgan tilning tuzilmalarida olingan ma'lumotlarni tushunamiz". Ushbu nuqtai nazar Yu.Lotmanning kontseptsiyasiga asoslanadi, unda madaniyat barcha irsiy bo'lmagan ma'lumotlarning turlari, ularni tashkil qilish va saqlash yo'llari to'plami sifatida tavsiflanadi. "Madaniyat bu ma'lumotni yaratuvchi vosita." Madaniyatning ramziy, axborot va kommunikativ xususiyati uning ko'plab umumiy ta'riflarida qayd etilgan. Zamonaviy Amerika antropologiyasida K. Geertz tushunchasi keng tarqaldi, unda madaniyat ramzlar tizimi va ma'nolarning bir-biri bilan to'qilishi sifatida qaraladi, bu erda "inson o'zi to'qigan ma'nolar tarmog'idan to'xtatiladi". Ushbu "ma'nolar tarmog'i" madaniyat, ya'ni. insonni boshqa odamlar va tabiatga nisbatan yo'naltiradigan ko'p jihatdan bog'langan ma'no tizimi. Madaniyatning lingvistik-kommunikativ jarayonlarga qisqarishi qanchalik qonuniy? Ikkinchisi madaniyat toifasining mazmunini tugatadimi? "Axborot madaniyati" va "madaniyat" tushunchalari bir xilmi? Ushbu savollarga javob berishdan oldin (albatta, bu erda qo'yilgan muammoni hal qilish uchun etarli bo'lgan darajada), madaniyatning umumiy falsafiy ma'noda toifasini ko'rib chiqish kerak.

Madaniyatni samarali, samarali mavjudot sifatida tushunishning afzalligi shundaki, unda "madaniyat" tushunchasi nafaqat tirik, balki ob'ektiv faoliyatni ham qamrab oladi; nafaqat faoliyat mahsullari, balki uning sub'ektlari ham nafaqat ijtimoiy ong hodisalari, balki ijtimoiy hayotning turli qirralari. Bundan tashqari, belgilangan pozitsiya madaniy tizim haqida g'oyani joriy etishga imkon beradi, bu odatda ijtimoiy faoliyat tizimiga mos keladi. Shu asosda madaniyat kategoriyasini axborot madaniyati tushunchasi darajasiga konkretlashtirish va ikkinchisini birinchisining quyi tizimi sifatida ko'rib chiqish mumkin bo'ladi. Madaniyatning eng muhim tizimli bo'linishi uning moddiy va ma'naviy jihatdan farqlanishi bilan bog'liq. Aynan ma'naviy madaniyat kategoriyasi asosida vujudga keladigan kontseptual qatorda "axboriy madaniyat" tushunchasi bilan belgilanadigan ijtimoiy hodisa topiladi. Axborot faoliyati ma'naviy faoliyat tizimini anglatadi va shuning uchun axborot madaniyati ma'naviy madaniyat tizimining quyi tizimidir.

Axborot madaniyati umuman madaniyatning ajralmas qismi sifatida insonning ijtimoiy tabiati, uning atrofdagi voqelik bilan aloqalarining muhim tomonidir.hozirgi vaqtda axborot madaniyati muammosi nafaqat ilmiy, balki falsafiy adabiyotda ham tobora ko'proq muhokama qilinayotgan mavzudir, bu shubhasiz uning dolzarbligidan dalolat beradi. "Axborot madaniyati" tushunchasi yigirmanchi asrning o'rtalarida "axborot portlashi", "axborot jamiyati" va "axborot sivilizatsiyasi" kabi tushunchalar bilan bog'liq holda paydo bo'ldi. Ko'rib turganimizdek, ijtimoiy amaliyotning o'zi ma'lumotni ishlab chiqarish, qayta ishlash, saqlash, uzatish va iste'mol qilish bilan bog'liq bilim, qobiliyat, ko'nikma darajasini oshirish zarurligini belgilaydi. Shu nuqtai nazardan, axborot madaniyatini shakllantirish muammosi paydo bo'ladi. Axborot madaniyatini o'zlashtirish inson va jamiyat uchun hayotiy muhim masalaga aylanmoqda. Agar muloqotning an'anaviy shakllari davrida inson asosan o'zining to'plangan ma'lumotlariga bog'liq bo'lgan bo'lsa, unda endi axborot muhitida olingan va saqlanadigan ma'lumotlarga bog'liqlik hukmronlik qilmoqda va undan samarali foydalanish axborot madaniyatisiz imkonsizdir. "Shuning uchun shior mutlaqo noto'g'ri: kerakli miqdordagi va o'z vaqtida kerakli xarajatlarni oqilona sarflab, dunyoni aylantiraman." Shuningdek, bu ma'lumotni to'g'ri baholash va unda yashirin va uzoq kelajakka tegishli oqibatlarni tezda chiqarib tashlash uchun individual va jamoaviy qobiliyatni talab qiladi, ya'ni. axborot madaniyati rivojlanishining ma'lum darajasi ham zarur.

Axborot madaniyati muammosining yana bir jihati jamiyatni axborotlashtirish jarayonining rivojlanishi bilan bog'liq. Ushbu jarayonning rivojlanishi va chuqurlashishi ijtimoiy hayot sur'atining kuchayishiga va tezlashishiga olib keladi. Ehtimol, axborotlashgan jamiyatning eng muhim xususiyati - bu eng yangi axborot texnologiyalaridan foydalangan holda juda ko'p miqdordagi ma'lumotlarga ishlov berish emas, balki "iqtisodiy, ijtimoiy, siyosiy va madaniy evolyutsiya tezligini tezlashtirish". Bunday sharoitlarda inson doimo yangi va kutilmagan narsalar bilan duch keladi. Eski kasblar yo'q bo'lib, yangilari paydo bo'ladi, ijtimoiy tizimlarning institutsional tarkibi o'zgaradi. Bularning barchasi nafaqat ma'lum bir mamlakatda, balki turli mamlakatlarda va turli qit'alarda yashovchi odamlar faoliyatini muvofiqlashtirish zarurligini keltirib chiqaradi. Ammo bunday kelishuv faqat o'zaro tushunish asosida, "tushunish" aloqasi asosida amalga oshiriladi, bu faqat yuqori ma'lumotli madaniyat mavjud bo'lganda mumkin, bu samarali, samarali hayotning umumiy jarayonining zarur elementi, ya'ni. madaniyat kabi. Shaxsning axborotga munosabati, uni baholash, amalda qo'llash uchun tanlash, odamlarning birgalikdagi faoliyatini tashkil etish va muvofiqlashtirish fonida axborot madaniyati muammosi paydo bo'ladi. Ko'rib turganimizdek, ushbu kontseptsiyaning paydo bo'lishi tabiiydir, chunki u ijtimoiy-tarixiy jarayonning o'zi bilan shartlangan.

Endi axborot madaniyatini umuman madaniyat bilan identifikatsiyalashning qabul qilinishi / qabul qilinishi mumkin emasligi masalasiga qaytamiz. Yuqorida aytilganlar, bizning fikrimizcha, bunday identifikatsiyani noto'g'ri deb xulosa qilishga imkon beradi. Madaniyatning umumiy tushunchasining mazmuni "axborot madaniyati" tushunchasining mazmuniga qaraganda ancha boy. Madaniyat bu kabi ko'p qirrali va ko'p funktsionaldir: axborot va kommunikatsiya funktsiyalaridan tashqari, u boshqa bir qator funktsiyalarni ham bajaradi. "Insonning muhim kuchlarini amalga oshirish, insoniyatning ko'payishi va yangilanishining universal universal shakli sifatida madaniyat inson faoliyatining barcha sohalarini qamrab oladi".

Madaniyatning umumiy maqsadlaridan biri bu insonga atrofdagi dunyoni idrok etish va o'zgartirish imkoniyatini berishdir, u insonning muhim kuchlarini shakllantiradi va amalga oshiradi, axborot madaniyati esa ushbu tasavvurni ta'minlash uchun shart bo'lib xizmat qiladi, moddiy va ma'naviy madaniyatning barcha boyliklarini ob'ektivlashtirish uchun zaruriy shart. jamiyat va shaxsiyat. Axborot madaniyati umumiy madaniyatning zarur va muhim qismidir, ammo baribir uning bir qismi, shuning uchun birinchisi ikkinchisining ba'zi xususiyatlarini o'z ichiga oladi. Axborot madaniyati umuman shartli, ya'ni. bu kabi madaniyat shuni ko'rsatadiki, agar yaqin o'tmishda odam o'zining kasb va boshqa ijtimoiy vazifalarini bajarish uchun maktabda etarli ma'lumotga ega bo'lgan bo'lsa, unda bugungi kunda uning bilimlarini doimiy ravishda to'ldirish va yangilash zarurati paydo bo'ldi. Shubhasiz, ko'rib chiqilayotgan tushunchalarni aniqlash "madaniyat" toifasining mazmunini asossiz ravishda torayishiga va shu tariqa uning bilim potentsialining cheklanishiga olib keladi.

  Axborot madaniyati va madaniyati o'rtasidagi farqni va uning turli xil modifikatsiyalarini tavsiflashda quyidagi holatlarni hisobga olish kerak. Tabiat dunyosi va u yaratadigan narsalar dunyosidan tashqari, inson o'zi doimo yaratib, yangilab turadigan ramzlar dunyosida ham yashaydi. Ramziy olam - bu madaniyatning muhim jihati, uning to'liqligi bo'yicha samarali va samarali mavjudot. Ammo agar madaniyat toifasi uchun "olam" ramzlari uning ko'pgina jihatlaridan bittasi bo'lsa, unda axborot madaniyati tushunchasi uchun ramziy soha uning asosiy mazmunidir. Inson - ramziy-ramziy dunyoda yashaydigan, bu dunyoni yaratadigan va o'zlashtiradigan jonzot. Axborot madaniyati bu dunyoni yaratish va o'zlashtirish usuli sifatida ishlaydi, bu talqin qilish san'atini, boshqa individuallikni, boshqa madaniyat va tarixni anglash san'atini o'rgatish uchun zarurdir. Inson turli xil ramziy tizimlarda - lisoniy, majoziy, matematik, musiqiy, marosimlarda o'ylaydi. Ularsiz insonda na san'at, na fan, na falsafa, na din, na qonun bo'ladi. Belgilar zarur, ammo agar ular aks ettirganidan ko'ra ko'proq haqiqatga taalluqli bo'lsa, ular zararli bo'lishi mumkin. Agar ilm-fan sohasida olimlar tabiat kuchlarini tushunishni va ularni ramziy ma'noda boshqarishni o'rgangan bo'lsa, unda siyosatda belgilar bilan manipulyatsiya chuqur ijtimoiy kataklizmlarga olib keldi. Ilm-fanda ramzlar diqqat bilan tanlangan, tahlil qilingan va ilmiy dalillarga mos ravishda o'zgartirilgan. Siyosatda ramzlar hech qachon chuqur tahlil qilinmagan va faqat tarixning yangi faktlari bilan fursatparvarlik bilan kelishilgan. Eng xavfli narsa shundaki, siyosatda noto'g'ri tanlangan ramzlarga, ular belgilab bergan haqiqatdan ko'ra ko'proq haqiqat berilgandek, munosib bo'lmagan yuqori maqom beriladi. Siyosat sohasida ramzlardan real foydalanish zamonaviy dunyoda nihoyatda muhim ilmiy va amaliy vazifalardan biriga aylanmoqda. Inson va madaniyatning mavjudligi ko'p jihatdan uning oqilona echimiga bog'liq. Ushbu omil axborot madaniyatining o'sib borayotgan ijtimoiy ahamiyatini belgilaydi, bu uni ijtimoiy falsafa darajasida o'rganish zaruriyati va dolzarbligini belgilaydi.

"Madaniyat" va "axborot madaniyati" tushunchalarining o'zaro bog'liqligi masalasini hal qilish axborot madaniyatining o'ziga xos funktsiyalarini aniqlashni o'z ichiga oladi. Axborot madaniyatining funktsional tavsifiga bo'lgan ehtiyoj shu asosda "unga qarash" iqtisodiyotning "qo'shimchasi", ko'ngil ochish yoki sof ma'naviy izlanishlar sohasi sifatida emas, balki jamiyat ehtiyojlariga xizmat qilishga mo'ljallangan hayotga to'la ishchi organizm sifatida shakllanishi "bilan belgilanadi. Asosiy funktsiyalarning ajratilishi va mazmuni oshkor etilishi axborot va madaniy hodisalarni va umuman axborot faoliyatini aniqroq va ko'p qirrali baholashga imkon beradi.

Axborot madaniyatining izchilligi uning

funktsiyalarining izchilligini belgilaydi. Nafaqat axborot madaniyati, balki umuman madaniyat funktsiyalarini tasniflash masalasi rus madaniyatshunosligi va falsafasida eng rivojlangan masalalardan biridir. Haqiqat shundaki, tadqiqotchilar printsipni, tasniflash mezonini tanlash va asoslash bo'yicha juda murakkab uslubiy muammoga duch kelishmoqda. Adabiyotda ushbu masala bo'yicha juda ko'p mazmunli hukmlar berilgan. Tasniflash asosi sifatida ko'pincha dominant tamoyil deyiladi, bu etakchi funktsiyani ajratib ko'rsatishga imkon beradi va shunga muvofiq boshqa barcha funktsiyalarni, madaniyat sub'ektini (tashuvchisini), faoliyatni, ehtiyojni va hk. Bizning nuqtai nazarimizga ko'ra, ehtiyojlarni strukturani shakllantiruvchi printsip sifatida qabul qilish ancha asoslidir, chunki axborot madaniyati funktsiyalarining har biri jamiyat va shaxsning har qanday ehtiyojlarini amalga oshirishga, qondirishga qaratilgan. Ehtiyojlar va madaniyat o'rtasidagi munosabatlar tamoyiliga asoslanib, E.V.Sokolov uning o'zgaruvchan, kommunikativ, soqiy, axborot, normativ, himoya-adaptiv funktsiyalarini hamda psixologik bo'shashish funktsiyasini aniqlaydi. Ulardan kelib chiqadigan "gominizatsiya", sotsializatsiya, madaniyat va individualizatsiya funktsiyalari.

Madaniyatshunoslik adabiyotlarida nominativ,

qadriyat, yo'naltirish, maqsadni belgilash va uyg'unlashtiruvchi funktsiyalar haqida ham so'z yuritiladi, bu umuman madaniyatning ko'p funktsional xususiyati va xususan axborot madaniyati to'g'risida dalolat beradi. Umuman olganda, E.V.Sokolov tomonidan taklif qilingan funktsiyalarning tuzilishini hisobga olgan holda, bitta muhim tushuntirish kerak. Bizning fikrimizcha, axborot madaniyati uchun asosiy, boshlang'ich nuqtalar aks etuvchi (kognitiv), kommunikativ, axborot va tartibga solish funktsiyalari hisoblanadi. Ularning rivojlanishi va o'zaro ta'siri har qanday sharoitda qondirilishi kerak bo'lgan shaxsiy va ijtimoiy ehtiyojlarga mos keladigan barcha boshqa funktsiyalarni keltirib chiqaradi. [56]

Axborot madaniyatining kognitiv funktsiyasi aks ettiruvchi va axborot jarayonlarining o'zaro ta'siri asosida shakllanadi va rivojlanadi va odamlarni bilish, vaziyatni ob'ektivlashtirish, xatti-harakatni bashorat qilish, rol tanlash, og'zaki va hissiy ma'lumotlarni etarli darajada idrok etish va uzatish qobiliyati va qobiliyati sifatida ishlaydi. Axborot madaniyatining bilish funktsiyasi fan sohasida alohida

---

[56] Raxmatullayev M.A. Avtomatlashtirilgan kutubxona: O'quv qollanma. — Toshkent, 2003. — 266 b.

ahamiyatga ega. Bu erda u voqelikning paydo bo'layotgan qiyofasida o'z tadqiqotini maqsad va dasturlarni ishlab chiqish va amalga oshirish uchun zarur bo'lgan ma'lumotlarni ishlab chiqarish, o'zgartirish, uzatish va idrok etish uchun sub'ektning istiqbolli talablari nuqtai nazaridan topadi.

Axborot madaniyatining ma'lum darajasiz nazariyada fikrlash qobiliyatini rivojlantirish mumkin emas, bu fanda ishlatiladigan tushunchalar, toifalar va boshqa ishora tizimlari bilan ishlash qobiliyati va ko'nikmalarini nazarda tutadi. Shunday qilib, kognitiv funktsiya turli xil belgilar tizimlari yordamida dunyoni aks ettirishning ma'lum bir usuli bo'lgan va shuning uchun kognitiv jarayonning zaruriy tarkibiy qismi bo'lgan axborot madaniyatiga xosdir.

Axborot madaniyatining kommunikativ funktsiyasi boshqa odamlar bilan ma'lumot almashishdan tashqarida mavjud bo'la olmaydigan shaxsning ijtimoiyligi bilan belgilanadi. Faqatgina muloqotda shaxsning ma'naviy, ijodiy qobiliyatlari izchil rivojlanib boradi. Axborot madaniyatining kommunikativ funktsiyasi shakllangan muloqot normalari, standartlari va stereotiplarida o'z ifodasini topadi, uning yordamida har bir alohida shaxs boshqa shaxs yoki muayyan ijtimoiy, milliy, jinsi va yoshi va boshlang'ich sharoitida bo'lgan shaxslar guruhi bilan o'zaro munosabatlarning ma'lum bir shaklini tanlaydi. Normalar va standartlarning umumiyligi ijtimoiy tizimda shaxsiy, guruhiy va ommaviy munosabatlarni shakllantirish yo'llarini belgilaydigan madaniy-tarixiy muhitni shakllantiradi. Muloqot usullarini o'zlashtirish o'lchovi insonning umumiy madaniyati rivojlanish darajasining muhim ko'rsatkichlaridan biridir.

Axborot madaniyatining kommunikativ funktsiyasini amalga oshirish axborot texnologiyalari taraqqiyoti bilan bog'liq bo'lib, u uning kuchi, tezligi va uzoq muddatli harakatining oshishi, shuningdek, tobora ko'proq odamlarning muloqotga jalb qilinishidan iborat. Ammo bu funktsiya, ayniqsa, o'zaro tushunish, hamdardlik, hamdardlik uchun zaruriy shart sifatida namoyon bo'ladigan muloqotning ichki tomonida juda muhimdir. "Hamma qanday qilib gapirishni, ishontirishni yoki ilhom berishni biladi, - ta'kidlaydi E.G. Zlobina, - ammo bir nechtasi anglashuv samarasiga erishadi". Tushunish va hamdardlik yutug'i axborot madaniyatining kommunikativ funktsiyasi samaradorligidan dalolat beradi, uning qiymati axborot sanoatida amalga oshirilayotgan inqilobiy o'zgarishlarga bog'liq holda tez sur'atlarda o'sib bormoqda. "Kelajakdagi jamiyat," deb ta'kidlaydi EV Sokolov, bu borada, "ommaviy (va individual - V.U.) aloqa texnik vositalarining rivojlanishi bilan chambarchas bog'liq. Jahon televidenie tizimi, shaxsiy radioeshittirish, kompyuterlashtirish, xalqaro vositachilik tilini yaratish oldindan taxmin qilish qiyin bo'lgan o'zgarishlarga olib keladi. "

Eng yaqin bog'liqlik madaniyatning ko'rib chiqilayotgan turining kommunikativ va axborot funktsiyalari o'rtasida mavjud. Biz allaqachon ta'kidladikki, aloqa asosini axborot almashinuvi, sub'ektlarning axborot bilan o'zaro ta'siri tashkil etadi. Axborotni iste'mol qilishning o'zi bu aloqa. Inson o'z fikrlari va his-tuyg'ularini boshqa odam bilan faqat alomatlar, tovushlar, yozma matn shaklida qo'yish orqali almashishi mumkin. «Bir ongning mazmunini boshqasiga taqdim etish uchun turli xil belgilar tizimidan foydalaniladi: tabiiy til, turli kodlar va shifrlar, badiiy tasvirlar, ilmiy va falsafiy nazariyalar. Tana harakatining mimikri, nutq intonatsiyasi ham ma'lumotlarni uzatish va idrok etishda, o'zaro tushunishga erishishda muhim rol o'ynashi mumkin ".

Axborot funktsiyasining mohiyati voqelikning "nusxasi" ni yaratishda, u yoki bu belgi tizimi orqali dunyoning ajralmas, mazmunli va umumbashariy rasmini namoyish etishda, eng muhimi bu tildir. Shuning uchun, boshqa madaniyatga ega bo'lgan odamlarning xatti-harakatlarini tushunish uchun, avvalambor, ma'no va ma'nolarning asosiy tashuvchisi vazifasini bajaradigan ularning tilini o'rganish kerak.

Axborot madaniyati - sub'ektlarning sinxron va diaxronli o'zaro ta'sirida ma'lumotlarni uzatish va qabul qilishning zaruriy sharti. Bu butun faoliyatni optimallashtirishga va yuqori sifatli ma'lumotlarni olishga yordam beradi. Hozirgi vaqtda ijtimoiy jarayonlarning tezligi va yo'nalishi axborotni ishlab chiqarish, saqlash, o'zgartirish, uzatish va iste'mol qilish usullariga bog'liq ekanligi bilan hech kim bahslashmaydi. Kompyuter inqilobi davrida ma'lum madaniyatning axborot funktsiyasi ustuvor ahamiyat kasb etadi, chunki uni amalga oshirish ijtimoiy taraqqiyotning tezlashishiga bevosita ta'sir qiladi.

Axborot va boshqaruvning ajralmas birligi axborot madaniyatida tartibga solish funktsiyasining mavjudligini belgilaydi. Har qanday ijtimoiy tizim sub'ektlarning xatti-harakatlari va faoliyatini tartibga solishi, atrof-muhit bilan muvozanatni saqlashi va sa'y-harakatlarni muvofiqlashtirishi kerak. Axborot madaniyati asosida barcha ijtimoiy munosabatlarni tartibga solishga mo'ljallangan normalar, qoidalar, urf-odatlar va marosimlarning murakkab tizimi shakllanmoqda. Muayyan darajada tartibga solish funktsiyasini sub'ekt egallagan qadriyatlar bajaradi, chunki ular uning faoliyati "sohasini" aks ettiradi. Ammo qadriyatlar sub'ekt maqsadga erishish vositalarini ko'rsatmaydi. Aynan me'yorlar va qoidalar sub'ekt tomonidan vositalarni tanlashini va u harakat qilishi mumkin bo'lgan "ramka" ni belgilaydi.

Axborot madaniyatini tartibga solish funktsiyasining mohiyati maqsad va faoliyat dasturini ishlab chiqishda yotadi, bu erda maqsad tartibga solishning asosiy bo'g'ini hisoblanadi. Sub'ektlarning faoliyatini tartibga solish faqat ularning axborot ta'sirida faol ishtirok etishi bilan mumkin. Axborotni idrok etib, sub'ekt faoliyat jarayoni holati to'g'risida, uning maqsadi va natijasining tasodifiy yoki mos kelmasligi to'g'risida tasavvurga ega bo'ladi va tuzatishlar kiritadi. Ijtimoiy tizimga entropik omillar ta'sir qiladi. Shu sababli, uning dinamik barqarorligini saqlab qolish uchun sub'ektlar doimiy ravishda ma'lumot almashishlari kerak, bu esa noaniqlikning kuchayib borishiga qarshi turish uchun ajralmas shartdir. Bundan kelib chiqadiki, axborot madaniyatining tartibga solish funktsiyasi ijtimoiy tizimning funktsional talabidir. Ushbu funktsiyaning zaiflashishi tizimning yo'q qilinishini anglatadi.

3.3. Ijtimoiy muloqot va madaniyatda axborot-resurslardan to'g'ri foydalanishning zamonaviy ko'rinishlari

Madaniyatning jamiyat va har bir inson hayotidagi ahamiyati haqida gapirishning ma'nosi yo'q. Aynan madaniyat jamiyat taraqqiyotining u yoki bu bosqichining sifat xususiyatidir. Madaniyat taraqqiyoti muammolari va bu rivojlanishga turli omillarning (tabiat, texnika, siyosat va boshqalar) ta'siri falsafaning abadiy muammolaridan biri ekanligi bejiz emas.

Bugungi kunda jamiyatda sodir bo'layotgan jarayonlar bevosita butun mamlakat madaniyatiga va uning alohida qatlamlariga ta'sir qiladi. Mamlakat madaniy merosini etkazishning yangi shakllari paydo bo'lmoqda, madaniyat elementlari axborot texnologiyalari tomonidan taqdim etilgan yangi imkoniyatlarni hisobga olgan holda yaratilmoqda. Mualliflarning fikrlarini yanada aniqroq ifoda etish, u yoki bu asar bilan aloqada bo'la oladigan, o'zlarini u yoki bu madaniy tadbirda ishtirok etadigan (spektakllar, konsertlar, sport turlari va boshqalarni translyatsiya qilish) mumkin bo'lgan odamlar doirasini kengaytirish uchun imkoniyatlar paydo bo'ladi.

Zamonaviy axborot

texnologiyalarining san'atga ta'siri ikki yo'nalishda boradi. Bir tomondan, ushbu texnologiya rassomlar va haykaltaroshlar, rassomlar va bastakorlarning ijodiy ishlarida qo'llaniladi. Boshqa tomondan, zamonaviy axborot vositalari yuqori madaniyatni hamma uchun ochiq qiladi. Shunday qilib, rasm va haykaltaroshlikda hisoblash texnologiyasidan foydalanishda ikkita yondashuv mavjud. Bir holda, kompyuter oddiy vosita rolini o'ynaydi, ikkinchisida rassom dastgohga dasturni tayinlaydi, undan nima kelib chiqishini aniq bilmaydi va kompyuter badiiy asarni o'zi "yaratadi", ba'zan muvaffaqiyatli, ba'zida yo'q. Haykaltaroshlik jarayonida protsessor maxsus buyumga biriktirilgan bo'lib, u metall yoki boshqa biron bir materialdan tayyorlangan buyumni kesadi.

Axborot texnologiyalari odamlarni san'at asarlari bilan tanishtirish jarayonida muhim rol o'ynaydi, shu tufayli yuqori madaniyatga umuman kirish mumkin bo'ladi. Aynan u jahon madaniyatining noyob yutuqlarini ommaviy mulkka aylantirgan. Sariq xonani ko'rish uchun endi Tsarskoe Seloga tashrif buyurishingiz shart emas. Siz Aivazovskiy va Kandinskiyning rasmlariga, Katta Teatr baletiga qoyil qolishingiz, televizor, video pleer yoki Internetdan foydalangan holda uyda Liszt va Chaykovskiy yoki dunyoning eng yaxshi vokalchilarining musiqalarini tinglashingiz mumkin. Bundan tashqari, ikkinchisi barcha elementlarni batafsil ko'rib chiqishga imkon beradi.

Ushbu jarayonlarning asosida kommunikatsiyalarning tabiiydan virtualgacha o'zgarishi va natijada - odamga keladigan ma'lumotlarning qor ko'chkisi ko'payishi va axborotni taqdim etish, saqlash va qayta ishlash imkoniyatlarining oshishi yotadi. Ma'lumotlarni masofadan uzatishga yordam beradigan virtual aloqalar dunyomizga bosqichma-bosqich (asrdan asrga) kirib borish tufayli bu imkoniyatlar paydo bo'ldi. Bugungi kunda odam ma'lumotlarning aksariyatini virtual aloqa orqali oladi. Yangi ish sharoitlari bir kishining xabardorligining boshqa odamlar tomonidan olingan ma'lumotlarga bog'liqligini keltirib chiqaradi. Shuning uchun endi mustaqil ravishda ma'lumotni o'zlashtirish va to'plash imkoniyati etarli emas, ammo qarorlar kollektiv bilim asosida tayyorlanganda va qabul qilinayotganda axborot bilan ishlashning ushbu texnologiyasini o'rganish kerak. Bu shuni ko'rsatadiki, odam ma'lumot bilan ishlashda ma'lum bir madaniyatga ega bo'lishi kerak. Ushbu haqiqatni aks ettirish uchun "axborot madaniyati" atamasi kiritildi. [57]

Axborot madaniyati - axborot bilan maqsadga muvofiq ravishda ishlash va uni qabul qilish, qayta ishlash va uzatish uchun zamonaviy texnik vositalar va usullardan foydalanish.

Bugungi kunda axborot madaniyati darajasi inson hayotining muvaffaqiyatiga sezilarli ta'sir qiladi va harakat erkinligini kengaytiradi. Bundan tashqari, insonning axborot madaniyati darajasi uning ijtimoiy va kasbiy mavqeini (olgan ma'lumoti, iqtisodiy holati va ijtimoiy mavqei bilan bir qatorda) oshirish uchun asosiy manba bo'lib qoladi. Hatto yaqin orada shaxsning butun kelajakdagi taqdiri shaxsning axborot madaniyati darajasiga bog'liq bo'ladi, degan fikr ham mavjud, chunki ma'lumotni topish, qabul qilish, qayta ishlash va undan etarli darajada foydalanish qobiliyati inson uchun nafaqat uning kasbida, balki kundalik hayotida ham zarurdir.

Amerikalik olim D. Bellning fikriga ko'ra, zamonaviy jamiyatda madaniyat tsivilizatsiya tarkibiy qismi bo'lgan texnologiyalar bilan taqqoslaganda ham eng dinamik bo'lib bormoqda. Gap nafaqat ommaviy ishlab chiqarish uchun g'oyalar, tasvirlar va uslublarni taqdim etishida, balki undagi

---

[57] Axundjanov E.A. Kutubxonashunoslik, arxivshunoslik ishining nazariyasi va tarixi: O'quv qo'llanma. — T.: Ma'naviyat, 2010. - 556 b.

o'zgarishlar cheklangan resurslar (iqtisodiyotda bo'lgani kabi) yoki tashkil etilgan institutsional tuzilmalarning inertsiyasi (siyosat singari) bilan cheklanganligi bilan bog'liqdir. ... Undagi davom etayotgan o'zgarishlarning asosiy cheklovchi omili - bu aholining turli qatlamlarini yangiliklarga bog'lash inertsiyasi. Bunday holda, ommaviy axborot vositalari va turli xil tarmoq tarmoqlari texnologiyalari shubhasiz yordamdir. Axborot texnologiyalari ta'siri ostida madaniyatda uning insonparvarlashtirilishi, ommaviy iste'mol madaniyati madaniy talabga javob beradigan individual foydalanishga o'tishi, iste'mol qilingan qadriyatlarni moddiy baholashdan obro'ning ramziy madaniy fazilatlarga o'tishi va boshqalar bilan bog'liq bo'lgan murakkab jarayonlar yuzaga keladi. Axborot dunyosi madaniyatidagi sifat o'zgarishlari uni kuchaytiradi jamiyat rivojlanishi va faoliyatidagi roli. "Madaniyat bugungi kunda innovatsiya va ijtimoiy taraqqiyotning kaliti sifatida tavsiya etiladi, - deb yozadi P. Kozlovskiy, - bu yangi texnologiyalarni joriy etishni va uning" qabul qilinishini "osonlashtiradi, xalqaro almashinuv va o'zaro tushunishni rag'batlantiradi. Madaniyat, ular aytganidek, barcha ijtimoiy ko'rsatkichlar orqali bo'lishi kerak va o'sish ko'rsatkichlari ijtimoiy taraqqiyotning so'nggi mezonidir. "Axborot madaniyati" atamasi birinchi bo'lib XX asrning 70-yillarida mahalliy nashrlarda paydo bo'ldi; kutubxonachilar tegishli kontseptsiyani ishlab chiqish va ommalashtirish tashabbuskorlari bo'lishdi. Ushbu atama qo'llanilgan dastlabki ishlardan biri bibliograflar K.M. Voyxanskaya va B.A. Smirnova "Kutubxonachilar va o'quvchilar axborot madaniyati to'g'risida" va E.L. Shapiro "Axborot so'rovlarining noaniqligini kamaytirish usullari to'g'risida".

Axborot madaniyati tushunchasi kutubxona va kitobshunoslik sohasida paydo bo'lib, rivojlanib borishi bilan bir qator fanlardan bilimlarni o'zlashtirdi: axborot nazariyasi, kibernetika, informatika, semiotika, hujjatshunoslik, falsafa, mantiq, madaniyatshunoslik, tilshunoslik va boshqalar.

Hozirgi vaqtda axborot madaniyati tobora ko'proq axborot jamiyatining o'ziga xos hodisasi sifatida talqin qilinmoqda. Ko'rib chiqish ob'ektiga qarab, ular jamiyatning axborot madaniyatini, ayrim iste'molchilar toifalarining (masalan, bolalar yoki huquqshunoslarning) axborot madaniyatini va shaxsning axborot madaniyatini ajratib olishni boshladilar.

"Axborot madaniyati" tushunchasi odamlar hayotining axborot tomonlari bilan bog'liq madaniyatning bir tomonini tavsiflaydi. Ushbu jihatning axborot jamiyatidagi o'rni doimiy ravishda oshib boradi; va bugungi kunda har bir odam atrofidagi axborot oqimlari to'plami shunchalik katta, xilma-xil va keng tarqalganki, undan axborot muhiti qonunlarini va axborot oqimlarida harakat qilish qobiliyatini bilishni talab qiladi. Aks holda, u hayotga yangi sharoitlarda, xususan, ijtimoiy tuzilmalardagi o'zgarishlarga moslasha olmaydi, buning natijasida axborot faoliyati va xizmatlari sohasida ishlaydigan odamlar soni sezilarli darajada ko'payadi.

Hozirgi vaqtda axborot madaniyatining ko'plab ta'riflari mavjud. Keling, ulardan ayrimlarini ko'rib chiqaylik. Keng ma'noda axborot madaniyati etnik va milliy madaniyatlarning ijobiy o'zaro ta'sirini, ularning insoniyatning umumiy tajribasiga bog'lanishini ta'minlaydigan tamoyillar va real mexanizmlar to'plami sifatida tushuniladi. Tor ma'noda - nazariy va amaliy muammolarni hal qilish uchun ishora, ma'lumotlar, ma'lumotlarga ishlov berish va ularni manfaatdor iste'molchiga taqdim etishning maqbul usullari; axborotni ishlab chiqarish, saqlash va uzatish uchun texnik muhitni yaxshilash mexanizmlari; kadrlar tayyorlash tizimini rivojlantirish, insonni axborot vositalaridan va ma'lumotlardan samarali foydalanishga o'rgatish.

Axborotlashtirish sohasidagi etakchi rus mutaxassislaridan biri E.P. Axborot madaniyati bo'yicha

Semenyuk insoniyat madaniyatining barcha tarkibiy qismlarini tushunadi, bu ob'ektiv ravishda barcha axborot jarayonlari va jamiyatdagi mavjud axborot munosabatlari darajasini tavsiflaydi.

Shaxsning axborot madaniyati - bu odamning umumiy madaniyatining tarkibiy qismlaridan biri, axborot dunyoqarashining to'plami va an'anaviy va yangi axborot texnologiyalaridan foydalangan holda individual axborot ehtiyojlarini maqbul ravishda qondirish bo'yicha maqsadga muvofiq mustaqil faoliyatni ta'minlaydigan bilim va ko'nikmalar tizimidir.

Mutaxassislar insonning axborot madaniyati uchun quyidagi mezonlarni belgilaydilar:

Axborotga bo'lgan ehtiyojingizni etarli darajada shakllantirish qobiliyati;

- barcha axborot resurslari to'plamidan kerakli ma'lumotlarni samarali qidirish;

- axborotni qayta ishlash va sifat jihatidan yangisini yaratish;

- individual axborot qidirish tizimlarini yuritishi;

- ma'lumotni etarli darajada tanlash va baholash;

- muloqot qobiliyati va kompyuter savodxonligi.

Yuqorida aytilganlarning barchasi axborotning jamiyatdagi o'rni to'g'risida xabardorlikka, axborot muhiti qonuniyatlarini bilishga va undagi o'rnini tushunishga, yangi axborot texnologiyalariga egalik qilishga asoslangan bo'lishi kerak.

Shu bilan birga, shaxsning axborot madaniyati quyidagi darajalarda amalga oshiriladi:

1. kognitiv daraja - bilim va ko'nikmalar;

2. emotsional-qiymat - munosabat, baholash, munosabat;

3. xatti-harakatlar - haqiqiy va potentsial xatti-harakatlar.

Asosiy axborot madaniyati

Hozirgi vaqtda "axborot madaniyati" atamasining mazmuni to'g'risida umumiy tushuncha mavjud emas, garchi so'nggi o'n yillikda u ilmiy va boshqa adabiyotlarda tobora ko'proq qo'llanilmoqda. Dastlab uning paydo bo'lishi axborotlashgan jamiyatni rivojlantirish kontseptsiyasi va sanoatlashgan mamlakatlarda iqtisodiyotning axborot sektorini jadal rivojlantirish bilan bog'liq edi. Biroq, keyinchalik ma'lum bo'ldiki, axborot jamiyati shakllanishi ijtimoiy makonning barcha elementlarida tub o'zgarishlarga olib keladi, millionlab odamlar uchun yangi faoliyat turlari va vositalarini yaratadi, ularning xulq-atvori va muomalasining yangi odatlari va stereotiplarini, shuningdek hayot darajasi va sifati to'g'risida yangi g'oyalarni shakllantiradi. Ijtimoiy makon va faoliyatning ushbu barcha yangi elementlari tobora ularning kundalik hayoti va kasbiy faoliyatining atributlariga aylanib bormoqda, ya'ni. madaniyat elementlari. [58]

Ushbu monografiyada qo'llaniladigan "axborot madaniyati" tushunchasi mazmunining etarlicha umumiy ta'rifini shakllantirishga urinadi. Shu bilan birga, madaniyat ushbu muallif nuqtai nazaridan quyidagi asosiy tarkibiy qismlarni o'z ichiga oladi:

1. Insonning hayoti davomida shakllangan "g'ayritabiiy" fazilatlari;

2. Madaniyat ob'ektlarining xilma-xilligi (moddiy, ma'naviy, badiiy);

3. Odamlar o'z faoliyati mahsulotlariga xos tarkibni "ob'ektivlashtiradigan" va "rad etadigan" faoliyat usullari;

4. Muloqot odamlarning bir-biriga bo'lgan ehtiyojlarini

---

[58] Raxmatullayev M.A. Avtomatlashtirilgan kutubxona: O'quv qollanma. — Toshkent, 2003. — 200 b.

amalga oshirish usuli sifatida.

Agar biz ushbu yondashuvni metodologiyamizning asosi sifatida qabul qilsak, unda axborot madaniyati madaniyatning quyi tizimi, uning ajralmas qismi sifatida qaralishi kerak. Keyin ushbu quyi tizimning ta'rifi madaniyat tushunchasining u yoki bu ta'rifiga muvofiq shakllantirilishi kerak, hozirda qo'llanilgan yondashuvga qarab juda ko'p. Axir madaniyatning o'zi nihoyatda murakkab, ko'p qirrali va ichki qarama-qarshi bo'lgan hodisadir, uning ta'rifi bugungi kunda hali yagona yaxlit va umuman tan olingan tushunchaga ega emas.

Va shunga qaramay, muammoni hal qilishning murakkabligiga qaramay, bizning ishimizda tizim yondashuvi metodologiyasiga asoslanib, "axborot madaniyati" tushunchasiga quyidagi ta'rif berildi:

Axborot madaniyat - bu jamiyatni axborotlashtirish jarayoni ta'sirida shakllanadigan va jamiyatning axborot sohasidagi inson faoliyatining barcha xilma-xil natijalarini, shuningdek ushbu faoliyatning vositalari, turlari va texnologiyalarini o'z ichiga olgan madaniyatning quyi tizimi.

Ushbu ta'rifga ko'ra, axborot madaniyatining asosiy tarkibiy qismlari quyidagilardan iborat:

1. Insonning hayoti va kasbiy faoliyati davomida shakllangan axborot fazilatlari. Bularga shaxsning axborot madaniyati, axborot va kompyuter kompetensiyasi va savodxonligi, axborot dunyoqarashi va axborot dunyoqarashi kiradi;

2. Yangi axborot madaniyati ob'ektlarining xilma-xilligi - moddiy, ma'naviy va badiiy. Bu elektron kitoblar, elektron kutubxonalar, muzeylar va badiiy galereyalar, ekran madaniyati asarlari va boshqalar bo'lishi mumkin;

3. Axborot sohasidagi inson faoliyati yo'llari. Bularga mutaxassislar tomonidan ham, oddiy foydalanuvchilar tomonidan ham madaniyat sohasida yaratiladigan va foydalaniladigan axborot texnologiyalari kiradi (axborot qidirish, multimedia, virtual haqiqat va hk);

4. Foydalanuvchiga global axborot tarmoqlarida aloqa qilish uchun tobora ko'proq imkoniyatlar yaratib beradigan yangi turdagi aloqa turlari. [59]

Aniq ratsionalistik yo'nalishga qaramasdan, axborotlashtirish jarayoni bilan bog'liqligi sababli, yuqoridagi ta'rif axborot madaniyati rivojlanishining asosiy muammolari va yo'nalishlarini to'liq to'liq ko'rib chiqishga, ushbu

---

[59] Raxmatullayev M.A. Avtomatlashtirilgan kutubxona: O'quv qollanma. — Toshkent, 2003. — 266 b.

muammolarga mos keladigan axborot madaniyati ob'ekti va sub'ektining ta'riflarini berishga va yangi ilmiy fanning predmet sohasini tuzishga imkon beradi.

Tashkilotning axborot madaniyati bu kompyuterlashtirilgan ish madaniyati bo'lib, u ATdan foydalanish malakasini, ATdan foydalanish bilan bog'liq axloqiy va axloqiy masalalarni hal qilish usullarini va ATni amalga oshirish va undan foydalanish samaradorligiga ta'sir qiluvchi xodimlarning psixologik fazilatlarini o'z ichiga oladi. Bu tashkilotning iqtisodiy, texnologik va ijtimoiy rivojlanishi o'rtasidagi muvozanatni saqlash uchun elektron aloqada vositachilik qiluvchi xodimlarning xatti-harakatlarini tartibga soluvchi kompleks. Axborot madaniyati faqat ma'lumot bo'lmagan joyda umuman yo'q. Katta ensiklopedik lug'atga ko'ra, tashkilot deganda dastur yoki maqsadni birgalikda amalga oshiradigan va ma'lum qoidalar va tartiblar asosida ish olib boradigan odamlar birlashmasi tushuniladi. Dastur, maqsad, qoidalar, protseduralar - bularning barchasi ma'lumotdir. Bu shuni anglatadiki, har qanday tashkilot so'zning keng ma'nosida axborot madaniyatiga ega.

Tashkilotning axborot madaniyati jahon axborot madaniyati, milliy davlatlar va shaxslarning ijtimoiy institutlari axborot madaniyati doirasida ko'rib chiqiladi.

1. Mikro daraja - shaxslarning axborot madaniyati.
2. Meso-daraja - tashkilotlarning axborot madaniyati.
3. Ibratli daraja - ijtimoiy institutlar, mintaqalar va davlatlarning axborot madaniyati.
4. Mega-daraja - dunyo (global) axborot madaniyati.

Axborot madaniyati ajralmas birlikda mavjud bo'lib, darajalardan birining hodisalari boshqa darajalarda aks etadi. Har xil darajadagi axborot madaniyatining tashuvchilari - Internet hamjamiyati, milliy davlatlar aholisi, xodimlar va alohida shaxslar. Axborot madaniyatiga quyidagi mavzular ta'sir qiladi: transmilliy korporatsiyalar - IT-ishlab chiqaruvchilar, ijtimoiy institutlar, tashkilotlar rahbarlari va shaxslar. Tashkilotning axborot madaniyati mezo darajasida ko'rib chiqiladi, ammo xodimlarning axborot madaniyatining ba'zi xususiyatlari makrodarajada (davlat va mintaqaviy ta'lim dasturlari, aholi uchun axborot texnologiyalarining mavjudligi, ijtimoiy institutlarning axborotlashtirish darajasi) va mega-darajada (yangi AT imkoniyatlari yangi ko'nikmalar talab qiladi, "o'yin qoidalariga" rioya qilish va ITga boshqacha munosabat). Biroq, tashkilotning axborot madaniyati har bir xodimning individual axborot madaniyatiga asoslanadi.

Tashkilotning axborot madaniyati - bu ijtimoiy jarayon, axborot mazmunining yangi kasblarini shakllantirish jarayoni, axborot sohasidagi professional makonning barqaror rivojlanish jarayoni, tashkilotning intellektual kapitalini yaratish jarayoni. Tashkilotning axborot madaniyati institutsional sotsiologiya nuqtai nazaridan ko'rib chiqiladi, u odamlarning ijtimoiy xatti-harakatlarini mavjud qoidalar va institutlar tizimi bilan birgalikda o'rganadi.

Axborot madaniyati - bu o'zgaruvchan jamiyatdagi individual guruhlar va qatlamlarning ijtimoiy dinamikasi va moslashuvi, tarkibiy qayta qurish va ish bilan band aholining kasbiy va tarmoq dinamikasi, shuningdek, axborot ishchilari malakasi va ish mazmuni tizimidagi mehnat motivatsiyasi bilan tavsiflangan ijtimoiy jarayon. IT rivojlanishining hozirgi bosqichida shaxsning faol sotsializatsiyasi, uning ijtimoiy jarayonlarga qo'shilishi amalga oshiriladi. Axborot madaniyatining ijtimoiy funktsiyasi jamiyatdagi innovatsion jarayonlarga xizmat qilish va ijtimoiy aloqalarni soddalashtirishdir. Axborot sohasidagi kasbiy makon dinamikasi doimiy bo'lib, tabiiy ijtimoiy va axborot rivojlanishini, ijtimoiy makonni axborotlashtirishning murakkabligini aks ettiradi. Bunday o'zgarishlarning intensivligi axborot sohasidagi kasbiylashtirish jarayonlarini ijtimoiy tartibga solishni talab qiladi.

Bugungi kunda kompaniyalarda axborot madaniyatining to'rt turini uchratish mumkin. Ularning har biri ma'lumotni ishlatish uslubiga ta'sir qiladi - faoliyatni amalga oshirishda axborot harakati - va muvaffaqiyatga erishish yoki muvaffaqiyatsizlikka yo'l qo'ymaslik uchun kompaniya rahbarlarining ma'lumotlardan foydalanishdagi ustuvor yo'nalishlarini aks ettiradi. [60]

Birinchisi, funktsional madaniyat, bu erda ma'lumot boshqalarga ta'sir qilish uchun ishlatiladi. Ushbu madaniyat, avvalambor, axborot boshqarish va boshqarish uchun ishlatiladigan qat'iy ierarxiyaga ega kompaniyalarga xosdir.

Ushbu madaniyatga xos bo'lgan axloqiy xatti-harakatlar - bu nazorat. Bu erda ushbu atama salbiy ma'noda emas, balki shunchaki kompaniya uchun zarur bo'lgan faoliyatni belgilash sifatida ishlatiladi. Ko'pgina biznes-jarayonlar buxgalteriya hisobidan sotib olishgacha bo'lgan barcha narsalarni nazorat qilish uchun ishlatiladi. Savol - nazorat korporativ madaniyatning ijobiy xarakteristikasimi yoki u egiluvchanlik va shubhani rivojlantiradimi. Ammo bu allaqachon umumiy korporativ madaniyatning muammosi.

---

[60] Axundjanov E.A. Kutubxonashunoslik, arxivshunoslik ishining nazariyasi va tarixi: O'quv qo'llanma. — T.: Ma'naviyat, 2010. - 556 b.

Misol tariqasida, shveytsariyalik-shvetsiyalik ABB dizayn kompaniyasi dunyo bo'ylab mingdan ziyod filialni qamrab oluvchi moliyaviy hisob tizimi bilan mashhur. Bunday korporatsiyani juda kichik markaziy ma'muriy apparat bilan boshqarish uchun siz filiallar faoliyati to'g'risida aniq va to'liq ma'lumotga ega bo'lishingiz kerak. Axborotni boshqarish bo'yicha tegishli munosabat bo'lmasa, ABB shunchaki boshqarib bo'lmaydigan bo'lar edi.

Ikkinchi turda - o'zaro munosabatlar madaniyati - menejerlar va mutaxassislar bir-biriga etarlicha ishonadilar va shuning uchun jarayonlarni takomillashtirish va samaradorlikni oshirish uchun muhim bo'lgan ma'lumotlarni almashishlari mumkin. Mumkin bo'lgan buzilishlar va nosozliklar to'g'risida to'g'ridan-to'g'ri ma'lumot almashish muammolarni bartaraf etish va o'zgarishlarga moslashish uchun juda muhimdir. To'g'ri, Total Quality Management (TQM) dasturlarini amalga oshiradigan va shu bilan birga kamchiliklar va xatolar haqida gapirishga jur'at etgan xodimlar va menejerlarni jazolaydigan kompaniyalar juda oz. Ammo Boss korporatsiyasi kabi kompaniyalar ham bor, ular bunday ma'lumot muvaffaqiyatga erishishning zarur sharti sifatida qaraladi. Kompaniya rahbarlari ushbu ma'lumotlarni o'zlarining xizmatlari va ishchi guruhlariga, iste'molchilar va etkazib beruvchilarga etkazish orqali kompaniya muammolarni bartaraf etishga va ishlab chiqarishni yaxshilashga yordam beradi deb hisoblashadi.

Tadqiqot madaniyatida menejerlar va xodimlar kelajakdagi tendentsiyalarni tushunishga va talabning to'satdan o'zgarishi yoki raqobatchilar paydo bo'lishiga olib kelishi mumkin bo'lgan tahdidni aks ettirishning eng yaxshi usulini topishga intilishadi. Bu erda dominant axborot harakati bashorat qilishdir. Ushbu kompaniyalar mijozlarga xizmat ko'rsatish, bozor tadqiqotlari, texnologiyalarni tadqiq etish va rivojlantirish va axborot yig'ishda tadqiqot madaniyati anklavlariga ega. Yarimo'tkazgich ishlab chiqarish va dasturiy ta'minotni ishlab chiqarish kabi ba'zi sanoat tarmoqlari uchun ushbu madaniyat yashash uchun zaruriy shartdir, chunki yarimo'tkazgich ishlab chiqarishda texnologiya har 18 oyda bir marta o'zgaradi, dasturiy ta'minotni ishlab chiqishda har 6-8 oyda va yangi ishlab chiqarishga sarmoyalar kiritiladi. ulkan - yiliga 1,5 dan 2 milliard dollargacha. Va nihoyat, to'rtinchi tur - bu ochiqlik madaniyati. Bu erda xodimlar va menejerlar inqirozlar va tub o'zgarishlarning mohiyati to'g'risida yangi tushunchalarga ochiq. Ushbu kompaniyalar o'zlarini ozod qilish uchun biznesni olib borishning eski usullarini ataylab bekor qilmoqdalar, chunki bozorning barcha joylari va sohalarida raqobatni o'zgartira oladigan yangi mahsulotlar va xizmatlarni va'da qiladigan yangi istiqbol va g'oyalarni izlash kerak.[61] Rahbariyat foydalanilayotgan axborot madaniyati va axloqiy xatti-harakatlar modellari qiymat beradimi yoki yo'qligini bilishi kerak. Dunyoda biron bir axborot madaniyati bilan to'liq bog'liq bo'lishi mumkin bo'lgan darajada markazlashgan bir nechta yirik kompaniyalar mavjud. Turli xil axborot madaniyati o'rtasida kompaniyaning bozordagi mavqeiga mos keladigan ma'lum bir muvozanatni ta'minlash muhimdir. Bugungi kunda, dinamik kompaniyalar ko'proq istiqbolli va ijodiy, ko'proq bozor va mijozlarga yo'naltirilgan.

Bunday oqilona muvozanatni ta'minlash uchun nima qilish kerak:

Birinchidan, ma'lumot oqimlari, bilim asoslari va omborlariga "moddiy" boylik sifatida qarash kerak.

Ikkinchidan, ma'lum bir axborot madaniyati va xulq-atvori doirasida ishlaydigan axborot tizimining infratuzilmasi o'z-o'zidan bu muammoni hal qiladi degan xayolga tushib

---
[61] Raxmatullayev M.A. Avtomatlashtirilgan kutubxona: O'quv qollanma. — Toshkent, 2003. — 266 b.

qolmaslik kerak. Kompyuterlar, aloqa tarmoqlari va dasturiy ta'minot shunchaki raqobatdosh pozitsiyani mustahkamlash uchun bilim va ma'lumotlardan foydalanishga yordam beradigan texnologiyalar va vositalardir. Va ushbu vositalar qanchalik kuchli bo'lsa, ularni sotib olish, moslashtirish va saqlash xarajatlari qanchalik baland bo'lsa, shuncha kompaniya xodimlari ulardan qanday foydalanishi haqida o'ylashingiz kerak.

Uchinchidan, axborotni yig'ish, qayta ishlash va undan foydalanish bilan shug'ullanadigan IT-menejerlar va bilim xodimlari oddiy menejerlar ushbu faoliyatni qanday tasavvur qilishlariga nisbatan sezgirroqdirlar. Ular uchun menejerlarning kompaniyaning belgilangan maqsadlariga yoki uning munosabati va uslubiga mos kelmaydigan disfunktsional axborot xatti-harakatlarini aniqlash osonroq. Katta menejerlar IT-o'rinbosarlarini tinglashlari va kompaniya strategiyasini shakllantirishda ularni hisobga olishlari kerak. To'rtinchidan, sohada birinchi bo'lib o'zlarining axborot madaniyati va xatti-harakatlarini bozor va ishlab chiqarish strategiyalariga moslashtirgan kompaniyalar aniq raqobatbardosh ustunlikka ega bo'ladilar.

Kompaniyaning barcha darajadagi rahbarlari va menejerlari axborot faoliyatini kompaniya uchun eng muhimlaridan biri deb hisoblashlari kerak. ITni muvaffaqiyatli qo'llash, rivojlantirish, joriy etish, texnik xizmat ko'rsatish, korporativ axborot madaniyati darajasini oshirish va ushbu madaniyatni boshqarish uchun ular bir nechta asosiy savollarga javob berishlari kerak.

Qaysi ma'lumot va bilim manbalari o'z kompaniyalariga barqaror raqobatbardosh ustunlikni beradi? Tashkiliy tamoyillar va boshqaruv usullari axborot madaniyati va o'zini tutishiga qanday ta'sir qiladi? Axborot madaniyati va xatti-harakatlarining o'ziga xos kompleksi va tuzilishi bugungi kunda va yaqin kelajakda o'zgarishlarni muvaffaqiyatli boshqarishga imkon beradimi? Axborot madaniyati va xulq-atvorini bir tomondan, boshqa tomondan strategiyani o'zgartirish uchun nimani o'zgartirish kerak?

Raqobatbardosh bo'lib qolish uchun ushbu muhim masalalarni va muammolarni hal qilish uchun yuqori darajadagi rahbarlar to'liq javobgar.

Va nihoyat, vaqt o'tishi bilan bir necha bor tekshirilgan xulosa. Axborot madaniyatiga qo'yiladigan talablar kompaniyaning rivojlanish strategiyasi va taktikasiga qo'yiladigan talablar bilan bir vaqtda qo'yilishi kerak. Yaratilishining dastlabki yillarida yosh kompaniya strategiyani talablariga muvofiq ravishda AT-ni boshqarish protseduralari va uslublarini tezkor ravishda tashkil eta oladi, tanlangan madaniyat doirasida harakat qilishga qodir bo'lgan yangi menejerlar va IT-mutaxassislarni yollaydi va kerakli axborot xatti-harakatlarini qo'llab-quvvatlaydigan axborot tizimining infratuzilmasini shakllantiradi. Voyaga etgan korporatsiya uchun bularning barchasi katta qiyinchilik va katta xarajatlar evaziga amalga oshiriladi.

Va ma'lumot. Shunga muvofiq, tadqiqotchilarning katta qismi ushbu atamani talqin qilish uchun axborot va madaniy yondashuvlarni aniqlaydilar. Axborot madaniyati, uning tashuvchisi vazifasini bajaradigan sub'ektga qarab, uchta darajada ko'rib chiqiladi:

Muayyan shaxsning axborot madaniyati;

Alohida jamoat guruhining axborot madaniyati;

Umuman jamiyatning axborot madaniyati.

Muayyan shaxsning axborot madaniyati, ko'plab tadqiqotchilar ishonganidek, vaqt o'tishi bilan rivojlanib boruvchi darajali tizimdir. Jamiyatning alohida guruhining axborot madaniyati insonning axloqiy xatti-harakatlarida kuzatiladi. Ayni paytda axborot texnologiyalari rivojlanishi fonida axborot madaniyati yaratilgan odamlar toifasi o'rtasida ziddiyatni yaratish uchun asos yaratilmoqda. Bu voqeadan so'ng, inson hayotining har bir sohasida ijtimoiy munosabatlarda o'zgarishlar yuz berdi. Jamiyatning zamonaviy axborot madaniyati bir butunga birlashtirilgan barcha o'tgan shakllarni o'z ichiga oladi.

Axborot madaniyati ham umumiy madaniyatning bir qismi, ham shaxsiy xarakterdagi axborot faoliyatining eng yaxshi amalga oshirilishini ta'minlaydigan bilim, ko'nikma va malakalarning tizimlashtirilgan to'plamidir, bu kognitiv xarakterdagi individual ehtiyojlarni qondirishga qaratilgan. Ushbu to'plam quyidagi ro'yxatni o'z ichiga oladi:

1. Axborot dunyoqarashi.

Axborot dunyoqarashi deganda massivlar va oqimlar, ularni tashkil etish qonunlari va harakatlari kabi tushunchalar g'oyasi tushuniladi.

2. Axborot so'rovlarini shakllantirish qobiliyati.

3. Turli xil hujjatlar uchun shaxsiy ma'lumot qidirishni amalga oshirish qobiliyati.

4. Qabul qilingan ma'lumotlardan o'zlarining bilish yoki ta'lim faoliyatida foydalanish qobiliyati. Axborot madaniyati to'liqlikning uch bosqichidan iborat. Shaxsning axborot madaniyatining rivojlanishi uning kognitiv xulq-atvorida

ko'rinadi. Bunday xatti-harakatlar orqali, bir tomondan, shaxsning o'rganilayotgan sub'ekt sifatida faoliyati, uning axborot makonida o'zini yo'naltirish qobiliyati aks etadi. Boshqa tomondan, u jami axborot resurslaridan foydalanish va foydalanish imkoniyatlarini belgilaydi. Bular professional va shaxs sifatida o'zini egallashga intilayotgan insonga jamiyat tomonidan taqdim etilgan imkoniyatlardir. Axborot madaniyati - bu axborot faoliyati natijasi va uni muvaffaqiyatli amalga oshirishning zaruriy sharti. Axborot madaniyati kontseptsiyasida axborot faoliyati rivojlangan, ichki differentsiyalangan butunlik darajasida belgilanadi va o'ziga xos tarkibni oladi. Shuning uchun, axborot madaniyatining o'ziga xos belgilari va xususiyatlarini hisobga olmasdan, olingan nazariy model maxsus fanlarda axborot faoliyatini o'rganish uchun foydalanilganda etarli darajada samarali bo'lmaydi. Bundan kelib chiqadiki, axborot faoliyati to'g'risida tizimli tushunchani konkretlashtirishda muhim qadam axborot madaniyati g'oyasiga o'tishdir. Axborot faoliyati nazariyasi toifalari tizimiga "axborot madaniyati" tushunchasini kiritishning uslubiy vositasi, kiritilgan tushunchaga nisbatan umumiy bo'lgan madaniyatning falsafiy tushunchasi. Axborot madaniyati tushunchasini "madaniyat" kategoriyasi bilan o'zaro bog'lash zarurati ba'zi mualliflar ularni identifikatsiyalashiga bog'liq. [62]

Madaniyatni samarali, samarali mavjudot sifatida tushunishning afzalligi shundaki, unda "madaniyat" tushunchasi nafaqat tirik, balki ob'ektiv faoliyatni ham qamrab oladi; nafaqat faoliyat mahsullari, balki uning sub'ektlari ham nafaqat ijtimoiy ong hodisalari, balki ijtimoiy hayotning turli qirralari. Bundan tashqari, belgilangan pozitsiya madaniy tizim haqida g'oyani joriy etishga imkon beradi, bu odatda ijtimoiy faoliyat tizimiga mos keladi. Shu asosda madaniyat kategoriyasini axborot madaniyati tushunchasi darajasiga konkretlashtirish va ikkinchisini birinchisining quyi tizimi sifatida ko'rib chiqish mumkin bo'ladi. Madaniyatning eng muhim tizimli bo'linishi uning moddiy va ma'naviy jihatdan farqlanishi bilan bog'liq. Aynan ma'naviy madaniyat kategoriyasi asosida vujudga keladigan kontseptual qatorda "axboriy madaniyat" tushunchasi bilan belgilanadigan ijtimoiy hodisa topiladi. Axborot faoliyati ma'naviy faoliyat tizimini anglatadi va shuning uchun axborot madaniyati ma'naviy

---

[62] Raxmatullayev M.A. Avtomatlashtirilgan kutubxona: O'quv qollanma. — Toshkent, 2003. — 266 b.

madaniyat tizimining quyi tizimidir.

Axborot madaniyati umuman madaniyatning ajralmas qismi sifatida insonning ijtimoiy tabiati, uning atrofdagi voqelik bilan aloqalarining muhim tomonidir. Hozirgi vaqtda axborot madaniyati muammosi nafaqat ilmiy, balki falsafiy adabiyotda ham tobora ko'proq muhokama qilinayotgan mavzudir, bu shubhasiz uning dolzarbligidan dalolat beradi. "Axborot madaniyati" tushunchasi yigirmanchi asrning o'rtalarida "axborot portlashi", "axborot jamiyati" va "axborot sivilizatsiyasi" kabi tushunchalar bilan bog'liq holda paydo bo'ldi. Axborot oqimlarining ko'chkiga o'xshash o'sishi sharoitida iste'molchiga tegishli ma'lumotlarni etkazishning samarali usullari va usullarini topish muammosi paydo bo'ldi. Yalpi talab axborot ehtiyojlariga qarab o'zgarib bormoqda. 1980-1992 yillarda AQShda iste'molga bo'lgan talabning umumiy hajmida axborotga sarflanadigan xarajatlar 9,9% dan 12,5% gacha o'sdi, oziq-ovqat mahsulotlariga 19,9% dan 16,6% gacha kamaydi. Yalpi ta'minot axborot tovarlari va xizmatlarini ishlab chiqarishni ko'payishiga intiladi. Yangi mahsulotlar va xizmatlar paydo bo'lmoqda. Natijada, ma'lumotni yaratish, tarqatish, yangilash va qo'llash tezroq sur'atlarda sodir bo'ladi (boshqa resurslardan foydalanish bilan taqqoslaganda). 1994 yilda jahonda ishlab chiqarilgan tovarlarni ishlab chiqarish 3,5% ga o'sdi, ma'lumot ishlab chiqarish va xizmatlar ko'rsatish bo'yicha dunyoda 20% ga o'sdi . Ko'rib turganimizdek, ijtimoiy amaliyotning o'zi ma'lumotni ishlab chiqarish, qayta ishlash, saqlash, uzatish va iste'mol qilish bilan bog'liq bilim, qobiliyat, ko'nikma darajasini oshirish zarurligini belgilaydi. Shu nuqtai nazardan, axborot madaniyatini shakllantirish muammosi paydo bo'ladi. Axborot madaniyatini o'zlashtirish inson va jamiyat uchun hayotiy muhim masalaga aylanmoqda. Agar muloqotning an'anaviy shakllari davrida inson asosan o'zining to'plangan ma'lumotlariga bog'liq bo'lgan bo'lsa, unda endi axborot muhitida olingan va saqlanadigan ma'lumotlarga bog'liqlik hukmronlik qilmoqda va undan samarali foydalanish axborot madaniyatisiz imkonsizdir. "Shuning uchun shior mutlaqo noto'g'ri: maqbul xarajatlar bilan kerakli hajmda va kerakli vaqtda to'g'ri ma'lumot bering va men dunyoni ostin-ustun qilaman" 2. Shuningdek, bu ma'lumotni to'g'ri baholash va unda yashirin va uzoq kelajakka tegishli oqibatlarni tezda chiqarib tashlash uchun individual va jamoaviy qobiliyatni talab qiladi, ya'ni. axborot madaniyati rivojlanishining ma'lum darajasi ham zarur. Axborot madaniyati muammosining yana bir jihati jamiyatni axborotlashtirish jarayonining rivojlanishi bilan bog'liq. Ushbu jarayonning rivojlanishi va chuqurlashishi ijtimoiy hayot sur'atining kuchayishiga va tezlashishiga olib keladi. Ehtimol, axborotlashgan jamiyatning eng muhim xususiyati eng yangi axborot texnologiyalaridan foydalangan holda juda ko'p miqdordagi ma'lumotlarga ishlov berish emas, balki "iqtisodiy, ijtimoiy, siyosiy va madaniy evolyutsiya sur'atlarining tezlashishi" bo'lishi mumkin. Bunday sharoitlarda inson doimo yangi va kutilmagan narsalar bilan duch keladi. Eski kasblar yo'q bo'lib, yangilari paydo bo'ladi, ijtimoiy tizimlarning institutsional tarkibi o'zgaradi. Bularning barchasi nafaqat ma'lum bir mamlakatda, balki turli mamlakatlarda va turli qit'alarda yashovchi odamlar faoliyatini muvofiqlashtirish zarurligini keltirib chiqaradi. Ammo bunday kelishuv faqat o'zaro tushunish asosida, "tushunish" aloqasi asosida amalga oshiriladi, bu faqat yuqori ma'lumotli madaniyat mavjud bo'lganda mumkin, bu samarali, samarali hayotning umumiy jarayonining zarur elementi, ya'ni. madaniyat kabi. Shaxsning axborotga munosabati, uni baholash, amalda qo'llash uchun tanlash, odamlarning birgalikdagi faoliyatini tashkil etish va muvofiqlashtirish fonida axborot madaniyati muammosi paydo bo'ladi. Ko'rib turganimizdek, ushbu kontseptsiyaning paydo bo'lishi tabiiydir, chunki u ijtimoiy-tarixiy jarayonning o'zi bilan shartlangan.

Endi axborot madaniyatini umuman madaniyat bilan identifikatsiyalashning qabul qilinishi / qabul qilinishi mumkin emasligi masalasiga qaytamiz. Yuqorida aytilganlar, bizning fikrimizcha, bunday identifikatsiyani noto'g'ri deb xulosa qilishga imkon beradi. Madaniyatning umumiy tushunchasining mazmuni "axborot madaniyati" tushunchasining mazmuniga qaraganda ancha boy. Madaniyat bu kabi ko'p qirrali va ko'p funktsionaldir: axborot va kommunikatsiya funktsiyalaridan tashqari, u boshqa bir qator funktsiyalarni ham bajaradi. "Insonning zaruriy kuchlarini amalga oshirish, inson mavjudligini qayta tiklash va yangilashning universal universal shakli sifatida madaniyat inson faoliyatining barcha sohalarini qamrab oladi".

Madaniyatning umumiy maqsadlaridan biri bu insonga atrofdagi dunyoni idrok etish va o'zgartirish imkoniyatini berishdir, u insonning muhim kuchlarini shakllantiradi va amalga oshiradi, axborot madaniyati esa ushbu tasavvurni ta'minlash uchun shart bo'lib xizmat qiladi, moddiy va ma'naviy madaniyatning barcha boyliklarini ob'ektivlashtirish uchun zaruriy shart. jamiyat va shaxsiyat. Axborot madaniyati umumiy madaniyatning zarur va muhim qismidir, ammo baribir uning bir qismi, shuning uchun birinchisi ikkinchisining ba'zi xususiyatlarini o'z ichiga oladi.

Axborot madaniyati umuman shartli, ya'ni. bu kabi madaniyat shuni ko'rsatadiki, agar yaqin o'tmishda odam o'zining kasb va boshqa ijtimoiy vazifalarini bajarish uchun maktabda etarli ma'lumotga ega bo'lgan bo'lsa, unda bugungi kunda uning bilimlarini doimiy ravishda to'ldirish va yangilash zarurati paydo bo'ldi. Shubhasiz, ko'rib chiqilayotgan tushunchalarni aniqlash "madaniyat" toifasining mazmunini asossiz ravishda torayishiga va shu tariqa uning bilim potentsialining cheklanishiga olib keladi.

Axborot madaniyati va madaniyati o'rtasidagi farqni va uning turli xil modifikatsiyalarini tavsiflashda quyidagi holatlarni hisobga olish kerak. Tabiat dunyosi va u yaratadigan narsalar dunyosidan tashqari, inson o'zi doimo yaratib, yangilab turadigan ramzlar dunyosida ham yashaydi. Ramziy olam - bu madaniyatning muhim jihati, uning to'liqligi bo'yicha samarali va samarali mavjudot. Ammo agar madaniyat toifasi uchun "olam" ramzlari uning ko'pgina jihatlaridan bittasi bo'lsa, unda axborot madaniyati tushunchasi uchun ramziy soha uning asosiy mazmunidir. Inson - ramziy-ramziy dunyoda yashaydigan, bu dunyoni yaratadigan va o'zlashtiradigan jonzot. Axborot madaniyati bu dunyoni yaratish va o'zlashtirish usuli sifatida ishlaydi, bu talqin qilish san'atini, boshqa individuallikni, boshqa madaniyat va tarixni anglash san'atini o'rgatish uchun zarurdir. Inson turli xil ramziy tizimlarda - lisoniy, majoziy, matematik, musiqiy, marosimlarda o'ylaydi. Ularsiz insonda na san'at, na fan, na falsafa, na din, na qonun bo'ladi. Belgilar zarur, ammo agar ular aks ettirgan narsalarga qaraganda katta haqiqatga taalluqli bo'lsa, ular zararli bo'lishi mumkin. Agar ilm-fan sohasida olimlar tabiat kuchlarini tushunishni va ularni ramziy ma'noda boshqarishni o'rgangan bo'lsa, unda siyosatda belgilar bilan manipulyatsiya chuqur ijtimoiy kataklizmlarga olib keldi. Ilm-fanda ramzlar diqqat bilan tanlangan, tahlil qilingan va ilmiy dalillarga mos ravishda o'zgartirilgan. Siyosatda ramzlar hech qachon chuqur tahlil qilinmagan va faqat tarixning yangi faktlari bilan fursatparvarlik bilan kelishilgan. Eng xavfli narsa shundaki, siyosatda noto'g'ri tanlangan ramzlarga, ular belgilab bergan haqiqatdan ko'ra ko'proq haqiqat berilgandek, munosib bo'lmagan yuqori maqom beriladi. Siyosat sohasida ramzlardan real foydalanish zamonaviy dunyoda nihoyatda muhim ilmiy va amaliy vazifalardan biriga aylanmoqda. Shaxsning, madaniyatning mavjudligi, asosan, uning oqilona echimiga bog'liq. Ushbu omil axborot madaniyatining o'sib borayotgan ijtimoiy ahamiyatini belgilaydi, bu uni ijtimoiy falsafa darajasida o'rganish zaruriyati va dolzarbligini belgilaydi.

"Madaniyat" va "axborot madaniyati" tushunchalarining o'zaro bog'liqligi masalasini hal qilish axborot madaniyatining o'ziga xos funktsiyalarini aniqlashni o'z ichiga oladi. Axborot madaniyatining funktsional tavsifiga bo'lgan ehtiyoj shu asosda "unda iqtisodiyot, ko'ngil ochish sohasi yoki sof ma'naviy izlanishlar sohasi" qo'shimchasi "sifatida emas, balki jamiyat ehtiyojlariga xizmat qilishga mo'ljallangan hayotga to'la ishchi organizm sifatida" shakllanishi "bilan belgilanadi". Asosiy funktsiyalarning ajratilishi va mazmuni oshkor etilishi axborot va madaniy hodisalarni va umuman axborot faoliyatini aniqroq va ko'p qirrali baholashga imkon beradi. [63]

Axborot madaniyatining izchilligi uning funktsiyalarining izchilligini belgilaydi. Nafaqat axborot madaniyati, balki umuman madaniyat funktsiyalarini tasniflash masalasi rus kulturologiyasi va falsafasida eng rivojlangan masalalardan biridir. Haqiqat shundaki, tadqiqotchilar printsipni, tasniflash mezonini tanlash va asoslash bo'yicha juda murakkab uslubiy muammoga duch

---

[63] Axundjanov E.A. Kutubxonashunoslik, arxivshunoslik ishining nazariyasi va tarixi: 0'quv qo'llanma. — T.: Ma'naviyat, 2010. - 556 b.

kelishmoqda. Adabiyotda ushbu masala bo'yicha juda ko'p mazmunli hukmlar berilgan. Tasniflash asosi sifatida ko'pincha dominant tamoyil deyiladi, bu etakchi funktsiyani ajratib ko'rsatishga imkon beradi va shunga muvofiq boshqa barcha funktsiyalarni, madaniyat sub'ektini (tashuvchisini), faoliyatni, ehtiyojni va hk. Bizning nuqtai nazarimizga ko'ra, ehtiyojlarni strukturani shakllantiruvchi printsip sifatida qabul qilish juda asoslidir, chunki axborot madaniyati funktsiyalarining har biri jamiyat va shaxsning har qanday ehtiyojlarini amalga oshirishga, qondirishga qaratilgan. E.V.Sokolov ehtiyojlar va madaniyat o'rtasidagi o'zaro bog'liqlik printsipiga asoslanib, uning o'zgaruvchan, kommunikativ, nafosatdosh, axborot, normativ, himoya-adaptiv funktsiyalarini, shuningdek psixologik bo'shashish funktsiyasini ajratib turadi. Ulardan kelib chiqadigan "hominizatsiya", sotsializatsiya, madaniyat va individualizatsiya funktsiyalari.

Madaniy adabiyotlarda nominativ, qiymat, yo'naltirish, maqsadni belgilash va uyg'unlashtiruvchi funktsiyalar haqida ham so'z yuritiladi, bu umuman madaniyatning ko'p funktsiyali xususan va xususan axborot madaniyatidan dalolat beradi. Umuman olganda, E.V.Sokolov tomonidan taklif qilingan funktsiyalarning tuzilishini hisobga olgan holda, bitta muhim tushuntirish kerak. Bizning fikrimizcha, axborot madaniyati uchun asosiy, boshlang'ich nuqtalar aks etuvchi (kognitiv), kommunikativ, axborot va tartibga solish funktsiyalari hisoblanadi. Ularning rivojlanishi va o'zaro ta'siri har qanday sharoitda qondirilishi kerak bo'lgan shaxsiy va ijtimoiy ehtiyojlarga mos keladigan barcha boshqa funktsiyalarni keltirib chiqaradi.

Axborot madaniyatining kognitiv funktsiyasi aks etuvchi va axborot jarayonlarining o'zaro ta'siri asosida shakllanadi va rivojlanadi va odamlarni bilish, vaziyatni ob'ektivlashtirish, xatti-harakatni bashorat qilish, rol tanlash, og'zaki va hissiy ma'lumotlarni etarli darajada idrok etish va uzatish qobiliyati va qobiliyati sifatida ishlaydi. Axborot madaniyatining bilish funktsiyasi fan sohasida alohida ahamiyatga ega. Bu erda u voqelikning paydo bo'layotgan qiyofasida o'z tadqiqotini maqsad va dasturlarni ishlab chiqish va amalga oshirish uchun zarur bo'lgan ma'lumotlarni ishlab chiqarish, o'zgartirish, uzatish va idrok etish uchun sub'ektning istiqbolli talablari nuqtai nazaridan topadi. Axborot madaniyatining ma'lum darajasiz nazariyada fikrlash qobiliyatini rivojlantirishning iloji yo'q, bu fanda ishlatiladigan tushunchalar, toifalar va boshqa belgilar tizimlari bilan ishlash qobiliyati va ko'nikmalarini nazarda tutadi. Shunday qilib, kognitiv funktsiya turli xil belgilar tizimlari yordamida dunyoni aks ettirishning ma'lum bir usuli bo'lgan va shuning uchun kognitiv jarayonning zaruriy tarkibiy qismi bo'lgan axborot madaniyatiga xosdir.

Axborot madaniyatining kommunikativ funktsiyasi boshqa odamlar bilan ma'lumot almashishdan tashqarida mavjud bo'la olmaydigan shaxsning ijtimoiyligi bilan belgilanadi. Faqatgina muloqotda shaxsning ma'naviy, ijodiy qobiliyatlari izchil rivojlanib boradi. Axborot madaniyatining kommunikativ funktsiyasi shakllangan muloqot normalari, standartlari va stereotiplarida o'z ifodasini topadi, uning yordamida har bir alohida shaxs boshqa shaxs yoki muayyan ijtimoiy, milliy, jinsi va yoshi va boshlang'ich sharoitida bo'lgan shaxslar guruhi bilan o'zaro munosabatlarning ma'lum bir shaklini tanlaydi. Normalar va standartlarning umumiyligi ijtimoiy tizimda shaxsiy, guruhiy va ommaviy munosabatlarni shakllantirish yo'llarini belgilaydigan madaniy-tarixiy muhitni shakllantiradi. Muloqot usullarini o'zlashtirish o'lchovi insonning umumiy madaniyati rivojlanish darajasining muhim ko'rsatkichlaridan biridir.

Axborot madaniyatining kommunikativ funktsiyasini amalga oshirish axborot texnologiyalari taraqqiyoti bilan bog'liq bo'lib, u uning kuchi, tezligi va uzoq muddatli harakatining oshishi, shuningdek, tobora ko'proq odamlarning muloqotga jalb qilinishidan iborat. Ammo bu funktsiya, ayniqsa, o'zaro tushunish, hamdardlik, hamdardlik uchun zaruriy shart sifatida namoyon bo'ladigan muloqotning ichki tomonida juda muhimdir. "Hamma qanday qilib gapirishni, ishontirishni yoki ilhom berishni biladi, - ta'kidlaydi EG Zlobina, - ammo bir nechtasi anglashuv samarasiga erishadi" 1. Tushunish va hamdardlik yutug'i axborot madaniyatining kommunikativ funktsiyasi samaradorligidan dalolat beradi, uning qiymati axborot sanoatida amalga oshirilayotgan inqilobiy o'zgarishlarga bog'liq holda tez sur'atlarda o'sib bormoqda. "Kelajakdagi jamiyat," deb ta'kidlaydi EV Sokolov, bu borada, "ommaviy (va individual - V.U.) aloqa texnik vositalarining rivojlanishi bilan chambarchas bog'liq. Jahon televidenie tizimi, shaxsiy radioeshittirish, kompyuterlashtirish, xalqaro vositachilik tilini yaratish oldindan taxmin qilish qiyin bo'lgan o'zgarishlarga olib keladi».[64]

---

[64]Karimov U.F., Raxmatullayev M.A. Elektron kutubxona yaratish texnologiyasi va resurslardan foydalanish. — T.: A.Navoiy nomidagi 0'zbekiston Milliy kutubxonasi nashriyoti, 2009. — 72 b.

Eng yaqin bog'liqlik madaniyatning ko'rib chiqilayotgan turining kommunikativ va axborot funktsiyalari o'rtasida mavjud. Biz allaqachon ta'kidladikki, aloqa asosini axborot almashinuvi, sub'ektlarning axborot bilan o'zaro ta'siri tashkil etadi. Axborotni iste'mol qilishning o'zi bu aloqa. Inson o'z fikrlari va his-tuyg'ularini boshqa odam bilan faqat alomatlar, tovushlar, yozma matn shaklida qo'yish orqali almashishi mumkin. «Bir ongning mazmunini boshqasiga taqdim etish uchun turli xil belgilar tizimidan foydalaniladi: tabiiy til, turli kodlar va shifrlar, badiiy tasvirlar, ilmiy va falsafiy nazariyalar. Tana taqlidlari, nutq intonatsiyasi ham ma'lumotlarni uzatish va idrok etishda, o'zaro tushunishga erishishda muhim rol o'ynashi mumkin ».

Axborot funktsiyasining mohiyati voqelikning "nusxasi" ni yaratishda, u yoki bu belgi tizimi orqali dunyoning ajralmas, mazmunli va umumbashariy rasmini namoyish etishda, eng muhimi bu tildir. Shuning uchun, boshqa madaniyatga ega bo'lgan odamlarning xatti-harakatlarini tushunish uchun, avvalambor, ma'no va ma'nolarning asosiy tashuvchisi vazifasini bajaradigan ularning tilini o'rganish kerak.

Axborot madaniyati - sub'ektlarning sinxron va

diaxronli o'zaro ta'sirida ma'lumotlarni uzatish va qabul qilishning zaruriy sharti. Bu butun faoliyatni optimallashtirishga va yuqori sifatli ma'lumotlarni olishga yordam beradi. Hozirgi vaqtda ijtimoiy jarayonlarning tezligi va yo'nalishi axborotni ishlab chiqarish, saqlash, o'zgartirish, uzatish va iste'mol qilish usullariga bog'liq ekanligi bilan hech kim bahslashmaydi. Kompyuter inqilobi davrida ma'lum madaniyatning axborot funktsiyasi ustuvor ahamiyat kasb etadi, chunki uni amalga oshirish ijtimoiy taraqqiyotning tezlashishiga bevosita ta'sir qiladi. Axborot va boshqaruvning ajralmas birligi axborot madaniyatida tartibga solish funktsiyasining mavjudligini belgilaydi. Har qanday ijtimoiy tizim sub'ektlarning xatti-harakatlari va faoliyatini tartibga solishi, atrof-muhit bilan muvozanatni saqlashi va sa'y-harakatlarni muvofiqlashtirishi kerak. Axborot madaniyati asosida barcha ijtimoiy munosabatlarni tartibga solishga mo'ljallangan normalar, qoidalar, urf-odatlar va marosimlarning murakkab tizimi shakllanmoqda. Muayyan darajada tartibga solish funktsiyasini sub'ekt egallagan qadriyatlar bajaradi, chunki ular uning faoliyati "sohasini" aks ettiradi. Ammo qadriyatlar sub'ekt maqsadga erishish vositalarini ko'rsatmaydi. Aynan me'yorlar va qoidalar sub'ekt tomonidan vositalarni tanlashini va u harakat qilishi mumkin bo'lgan "ramka" ni belgilaydi.

Axborot madaniyatini tartibga solish funktsiyasining mohiyati maqsad va faoliyat dasturini ishlab chiqishda yotadi, bu erda maqsad tartibga solishning asosiy bo'g'ini hisoblanadi. Sub'ektlarning faoliyatini tartibga solish faqat ularning axborot ta'sirida faol ishtirok etishi bilan mumkin. Axborotni idrok etib, sub'ekt faoliyat jarayoni holati to'g'risida, uning maqsadi va natijasining tasodifiy yoki mos kelmasligi to'g'risida tasavvurga ega bo'ladi va tuzatishlar kiritadi. Ijtimoiy tizimga entropik omillar ta'sir qiladi. Shu sababli, uning dinamik barqarorligini saqlab qolish uchun sub'ektlar doimiy ravishda ma'lumot almashishlari kerak, bu esa noaniqlikning kuchayib borishiga qarshi turish uchun ajralmas shartdir. Bundan kelib chiqadiki, axborot madaniyatining tartibga solish funktsiyasi ijtimoiy tizimning funktsional talabidir. Ushbu funktsiyaning zaiflashishi tizimning yo'q qilinishini anglatadi.

Tartibga solish funktsiyasi yordamida sub'ektlar ma'lumotni qidirishadi, almashadilar va idrok etadilar, so'ngra ularni "bezovta qiluvchi" omillar ta'sirining salbiy oqibatlarini yo'q qilish yoki zararsizlantirish uchun foydalanadilar. Ushbu holat jamiyatning har bir a'zosi uchun axborot madaniyatining tartibga solish tomonlarini o'zlashtirishi zarurligini ilgari surmoqda. Axborot madaniyatining muhim vazifasi chet el madaniy guruhlarining bir-biri bilan doimiy aloqada bo'lish madaniy paradigmalarini o'zgartirishdir. Amerika madaniy antropologiyasida bu jarayon "akkulturatsiya" deb nomlanadi. Turli xil madaniyatlarga mansub odamlar o'rtasidagi aloqalarning kuchayishi sharoitida axborot madaniyati akkulturatsiya funktsiyasini o'rganish muhim amaliy ahamiyatga ega.

Ammo axborot madaniyatining dialogni yaratish funktsiyasi ayniqsa muhimdir. Madaniyat antropologiyasining xulosalari madaniyatning asosiy asosi sifatida dialogni falsafiy tushunishni rag'batlantirdi. Muloqotga nafaqat madaniyatning mohiyatli xususiyati, balki uni tadqiq qilishning uslubiy printsipi sifatida ham qaraladi. M.M.Baxtinning fikriga ko'ra, "bu kabi predmetni narsa sifatida idrok etish va o'rganish mumkin emas, chunki sub'ekt sifatida u sub'ekt bo'lib qolib, soqov bo'la olmaydi, shuning uchun uning bilimi faqat dialogik bo'lishi mumkin" 1. Ammo uning barcha darajalaridagi dialoglar (shaxsiy - "men" - "men", shaxslararo - "men" - "siz", guruhlararo - "biz" - "biz") axborot madaniyati rivojlanishining ma'lum bir darajasini uning asosini nazarda tutadi. Zamonaviy ommaviy axborot vositalari (ommaviy axborot vositalari) axborot makonini shakllantirishda qanday muhim rol o'ynashi ma'lum. Ammo ommaviy axborot vositalarining faoliyati salbiy ijtimoiy-madaniy oqibatlarga olib keladi, ulardan biri "xaotsizatsiya", ijtimoiy-madaniy muhitning parchalanishi. Ommaviy axborot vositalari harakati natijasida ikkinchisining kollajini V. Vindelband payqab, shunday deb yozgan edi: "Bu butun (madaniyat - VU) endi haqiqiy birlik sifatida mavjud emas.

Ta'lim va kasb jihatidan bir-biridan ajralib turadigan alohida qatlamlarga bo'linish, bu heterojen qatlamlarning doimiy va tez-tez o'zaro aloqasi tufayli, eng yaxshi holatda, faqat funktsional bog'liqliklarning uzluksiz aloqasini anglatadi "2.

Axborot madaniyati "mozaika" axborot makonini egallashning, unga odamni yo'naltirishning zarur usuli sifatida ishlaydi. [65] Axborot madaniyatini tushunishning afzalligi shundaki, u axborot jarayonlari to'g'risidagi bilimlar hajmi bilan cheklanib qolmasdan, balki uni axborot faoliyatining o'ziga xos xususiyati sifatida taqdim etadi, garchi bu erda faoliyat yondashuvi etarlicha izchil ishlatilmayapti.

Axborot madaniyatining mohiyatini aniqlash nuqtai nazaridan samarali - bu

---

[65] Raxmatullayev M.A. Avtomatlashtirilgan kutubxona: O'quv qollanma. — Toshkent, 2003. — 266 b.

odamlarning texnologik faoliyati prizmasi orqali ko'rib chiqiladigan yondashuv. Bunday tahlilni kanadalik olim Maklyuan amalga oshirdi, ammo u zamonaviy aloqa vositalari barcha ijtimoiy notinchliklar uchun yagona davolovchi vosita deb hisoblagan holda, axborot texnologiyalari rolini mutlaqlashtirdi. Uning qarashlarini tanqidiy tahlil qiladigan juda ko'p sonli ishlar mavjud bo'lgani uchun, biz bu masalada to'xtamaymiz.

Tosh va daraxtlarga iz qoldirgan birinchi odam birinchi marta axborot uzatish texnologiyasini "kashf etdi". Ota-bobolarimiz qoldirgan toshga chizilgan rasmlar, shubhasiz, axborot vazifasini bajargan. "Paleolitda tasviriy faoliyatning yuqori darajada rivojlanganligi haqida ma'lum bo'lgan haqiqatdan tashqari, kundalik aloqada tasviriy vositalardan bevosita foydalanishni namoyish etnografik materiallar mavjud" 2. Tasvirlarning axborot funktsiyasi tufayli ramziy til shakllandi va kelajakda yozish uchun zamin tayyorlandi. Tosh rasmlari, gildan ishlangan lavhalar va boshqalar. yozuvning dastlabki shakllari va barcha "grafikalar" - metallografiya, yog'ochga ishlov berish, litografiya va mineral bo'yoqlar yordamida bo'yash - pergament, papirus, qog'ozga yozish, filmlarni surish texnologiyalari manbai bo'lib xizmat qildi. Ular birlashib, kitobni bosib chiqarishni boshladilar, uning texnologiyasi birinchi bo'lib I. Gutenberg tomonidan ishlab chiqilgan. Kitobni bosib chiqarish texnologiyasi ikkita birlamchi qatorlarning birlashishi natijasida paydo bo'ldi: bo'yoqlarni ishlatib ma'lumotlarni yozish texnologiyasi va shu vositada bo'rtma matn yoki rasmlarni shakllantirish. Tipografiya axborotni saqlash va uzatishning yanada samarali vositalarini ishlab chiqish zarurligiga jamiyatning reaktsiyasi sifatida paydo bo'ldi. Agar insoniyat tarixidagi birinchi axborot inqirozi tasviriy simvolizmning paydo bo'lishiga, ikkinchisi yozuvning paydo bo'lishiga olib kelgan bo'lsa, uchinchisi matn va vizual ma'lumotni ko'paytirish texnologiyasining paydo bo'lishiga olib keldi. Bu erda zamonaviy bosib chiqarish texnologiyasi, proektsion optikasi va fotokimyo, o'yma texnologiyasi, fotosurat va fotolitografiya kelib chiqadi. Jamiyat rivojlanishining ushbu texnologik yo'lida ilm-fan va texnikaning turli yo'nalishlarini birlashtirish va bir-biriga kirib borish mavjud. Ularning sintezi optik qurilmalarning paydo bo'lishi uchun old shartlarni yaratdi. Ushbu yutuqlarning barchasi mikroelektronika asosida kompyuter texnikasi va texnologiyasini yaratish bilan ajralib turadigan yangi axborot va texnologik inqilobga yo'l ochdi.

XULOSA

Shunday qilib, axborot texnologiyalari samarali samarali hayotning ajralmas qismi bo'lib, undan axborot faoliyatida foydalanish samarasi axborot madaniyatining muhim xarakteristikasi va jihati ekanligi haqida bahslashish mumkin. Axborot madaniyati bilish jarayonini rivojlantiradi va odamlarning madaniyat yaratuvchi faoliyatini ob'ektivlashtiradi. Axborot madaniyati yordamida inson ijtimoiy-tarixiy va madaniy haqiqatni faol ravishda o'zlashtiradi, insoniyat rivojlangan barcha boyliklarga egalik qiladi. U ijtimoiy voqelikning elementi, zudlik bilan madaniy mavjudotning qiymati, atributi sifatida ishlaydi.

Zamonaviy sharoitda uning kommunikativ funktsiyasi keskin kengayib bormoqda, bu insoniyatning umuminsoniy ma'naviy tajribasini birlashtirish zarurati bilan bog'liq. Jamiyat taraqqiyoti jarayonida to'plangan bilimlar mustaqil turdagi resurslar - jamg'armalarni ta'minlash va amalda barcha boshqa davlat resurslaridan foydalanish samaradorligini oshirishga mo'ljallangan axborot resurslari xususiyatiga ega bo'ladi. Axborot madaniyatining ulkan ijtimoiy ahamiyati shundaki, u insoniyatning tsivilizatsiya rivojlanishining yangi turiga o'tishi uchun zarur shart bo'lib, bu erda axborot resursi asosiy ustuvor vazifaga aylanadi.

Axborot madaniyatini anglash, uning madaniyat va umuman jamiyat tizimidagi o'rni va rolini hisobga olish bo'yicha adabiyotlarda mavjud bo'lgan nuqtai nazarlarni tahlil qilish quyidagi ta'rifni berishga imkon beradi. Axborot madaniyati - bu belgi-ramziy axborot olamida inson va jamiyatning samarali hayotiy tarixiy turi. Uning eng muhim xususiyatlari quyidagilar: odamlarning axborot texnologiyalari yordamida ijtimoiy axborotni o'zlashtirish darajasi; tegishli axborotni ishlab chiqarish, tarqatish va iste'mol qilish orqali sub'ektlarning har qanday faoliyat turidagi o'zaro ta'sirini ta'minlaydigan tamoyillar va real mexanizmlar to'plami. Axborot madaniyatining muhim tarkibiy qismlari axborot qobiliyatlari, odamlarning ehtiyojlari va qiziqishlari, zamonaviy axborot-kommunikatsiya texnologiyalari va texnologiyalaridan foydalangan holda axborot va ishlash jarayonining barcha bosqichlarida ularning bilimlari va ko'nikmalarini rivojlantiradi.

FOYDALANILGAN ADABIYOTLAR

1. O'zbekiston Respublikasi Prezidentining 2017 yil 7 fevraldagi "O'zbekiston Respublikasini yanada rivojlantirish bo'yicha harakatlar strategiyasi to'g'risida"gi PF-4947-sonli farmoni.

2. Abdulwahab Olanrewaju ISSA, Fundamentals of library and information science. / Abdulwahab O. ISSA.— Ilorin Publisher, 2009. —p. 124.

3. Axundjanov E.A. Kutubxonashunoslik, arxivshunoslik ishining nazariyasi va tarixi: Oʻquv qoʻllanma. — T.: Maʼnaviyat, 2010. - 556 b.

4. Бахтурина Т. Структура и объект библиографической записи // Библиотековедение. 2014. №3. — с. 49—50

5. Борисов Б. Технология каталогов: Учеб. пособ. — М.: Книга, 2012. — 224 с.

6. Воройский Ф.С. Основы проектирования автоматизированных библиотечно-информационних систем / Ф. С. Воройский. — Москва: Физматлит, —

2002. — 216 с.

7. Галман М.А. Реклама каталогов: Технология — М.: Книга, Гелла Принт, 2002. — 40 с.

8. Ganiyeva B. Kutubxona kataloglari: 0 'quv qo'llanma. — T.: Fan, 2012. - 116 b.

9. Ganiyeva B. Hujjatlarga analitik-sintetik ishlov berish: Sistemali katalog. 0'quv qo'llanma. — T.: TDMI, 2010. — 46 b.

10. Yo'ldoshev E., Raximova M. Hujjat fondlari. — T., 2004. - 152 b.

11. Kutubxona bibliografik klassifikatsiyasi. Maktab kutub- xonalari uchun jadvallar. (Nashr uchun mas'ul E. Yo'ldoshev). — T.: G'.G'ulom nashriyoti, 2006. — 305 b.

12. Karimov U.F., Raxmatullayev M.A. Elektron kutubxona yaratish texnologiyasi va resurslardan foydalanish. — T.: A.Navoiy nomidagi O'zbekiston Milliy kutubxonasi nashriyoti, 2009. — 72 b.

13. Library Classification Theory / Rai Technology. University, 2014.— p. 120

14. Lotin yozuvidagi muallif jadvali / M. Zoxidova. — T., 2003 - 24 b.

15. Ma'naviyat yulduzlari (Markaziy Osiyolik mashhur siymolar, allomalar, adiblar) / Toʻplovchi va mas'ul muharrir M.Hayrullayev. — Toʻld. qayta nashr. — T.: A.Qodiriy nomidagi xalq me'rosi nashriyoti, 2001. — 408 b.

16. Муминходжаева Л.Н. Систематизация документов: Учеб. пос. — Т., 2006. — С. 5—13. 23. Nigmatova Z., Ganiyeva B. Hujjatlarga analitik-sintetik ishlov berish: 0 'quv qoʻllanma. — T.: TDMI, 2007. — 86 b.

17. Nigmatova Z. Hujjatlarga analitik-sintetik ishlov berish. Alfavit katalog. 0ʻquv qoʻllanma. - Тошкент: A. Qodiriy nomi- dagi TDMI, 2008. - 50 b.

18. Reitz, J.M. (n.d.). Collection development. In ODLIS: Online dictionary for library and information science. ABC- CLIO. Retrieved from http://www.abc-clio.com/ODLIS/odlis c.aspx#collecdevel // Introduction to Library and Information Science. — 3.1 Collection development. — p. 31.

19. Rayward W. Boyd. Visions of Xanadu: Paul Otlet

(1868— 1944) and Hypertext / Journal of the American Society for Information Science. — 2014. — 4(4) — May, —p. 235—250.

20. Рахматуллаев М.А. Информационные технологии в библиотеках. Методическое пособие по разработке проектов с использованием новых информационных технологий в библиотеках. Учебное пособие. — Тошкент, 2003. — 272 с.

21. Raxmatullayev M.A. Avtomatlashtirilgan kutubxona: O'quv qollanma. — Toshkent, 2003. — 266 b.

22. Шрайберг Я.Л. Избранные труды / Я.Л.Шрайберг. — М.: ГПНТБ России, 2010. - 624 с.

23. Носирова Ш.Н., Махмудова М.А. "Компьютер дастурлари воситасида укувчиларнинг билим эгаллашга кизикдшларини ривожлантириш" "Мугаллим хем узлуксиз билимлендириу" Илмий-методикальщ журнал №5 2019 жыл. Нукус - 2019, 25-27 бет

24. Nasirova Sh.N., Maxmudova M.A. "Improving the quality of education in systems thinking IV Международной открытой конференции"

«Современные проблемы анализа динамических систем. Приложения в технике и технологиях», Воронеж, 23-25 май, 2019, 277-279 bet.

25. Махмудова М. А., Хамраев У.Н., Насирова Ш.Н. "Ta'lim samaradorligini oshirishda dasturiy-didaktik majmualarning ahamiyati" "O'zbekistonda ilmiy-amaliy tadqiqotlar" mavzusidagi Respublika 13-ko'p tarmoqli ilmiy masofaviy onlayn konferensiya materiallari, Toshkent, 2020 yil, 29 fevral, 3 qism, 178-179 bet.

26. Information and communication technologies in education: UNESCO Institute for information technologies in education - M. : ИТО YUNESKO, 2013.

27. Novak, P. The Growing Digital Divide: Implications for an Open Research Agenda. Understanding the Digital Economy: Data, Tools and Research. Ed. B. Kahin and E. Brynjolffson. Cambridge, MA: The MIT Press., 2000.

28. Measuring the Information Society (MIS). Executive Summary. ITU edition, 2015.

29. Begimkulov U.Sh. Pedagogik ta'limda zamonaviy

axborot texnologiyalarini joriy etishning ilmiy-nazariy asoslari. Monografiya. -T.: Fan, 2007.

30. Portal Internet-obucheniya E-education.ru - http://www.e-education.ru.

31. Muratov Khusan Holmuratovich. Implementation of independent educational activities of students. European journal of research and reflection in educational sciences. vol. 7 no. 12, 2019. issn 2056-5852. 25-25.

32. Muratov Khusan Kholmuratovich; Abdulkhamidov Sardor Mardanaqulovich; Jabbarov Rustam Ravshanovich; Khudaynazarova Ugiloy Sharifovna and Baymurzayeva Oykaram Shodiyevna. Methodology of Improving Independent Learning Skills of Future Fine Art Teachers (On the Example of Still Life in Colorful Paintings). International Journal of Psychosocial Rehabilitation ISSN:1475-7192. March 2020. Volume 24 - Issue 5. -pp. 2043-2048.

33. Botir Boltabaevich Baymetov, Khusan Kholmuratovich Muratov. Self Sketches as a Tool in the Professional Training of a Future Artist-Teacher. Solid State Technology. 2020/2/29. Vol. 63 № 2 (2020). 224-231.

34. X.Muratov. Tasviriy san'at fanidan mustaqil ta'limni tashkil etish va boshqarishda —ISPRING" dasturiy ta'minotining ahamiyati. Academic Research in Educational Sciences. 2020. Vol. 1 No. 2, 2020.

35. X.X.Muratov, Sh.A.Yusupova. Umumiy o'rta ta'lim maktablarida dars mashg'ulotlarini autoplay media studio dasturi orqali integratsiyalash. Academic Research in Educational Sciences . Volume 1 | Issue 3 | 2020.

Internet saytlar

36. Introduction to Library and Information Science// en.wikibooks.org. — 2015.

37. http://www.google.co.uz/imgres7imgurl

38. http://upload.wiimedia.org/wikipedia/en/d/dc/Paul_Marie_Ghislain_Otlet.

39. http://ru.wikipedia.org/wiki/Лафонтен,_Анри

40. http://www.google.co.uz/search?q=Pol+Otle&hl=ru&client

41. http://ru.wikipedia.org/wiki/Библиотечнобиблиографическая_классификация

42. http://traditio-ru.org/wiki/Библиотечно библиографическая_клаесификация

43. http://ru.wikipedia.org/wiki/Универсальная_десятичная_ классификация

www.ingramcontent.com/pod-product-compliance
Lightning Source LLC
LaVergne TN
LVHW010159070526
838199LV00062B/4424